Minerva Shobo Librairie

大学における教養の新次元

建学の精神が切り拓く「知」の地平

学校法人関西金光学園

|監修|

中村　剛

|著|

ミネルヴァ書房

刊行に寄せて

　本書が上梓された経緯には，関西福祉大学の創立に向けた諸々の願いが，深く関わっています。同大学は，金光教を母体とした「学校法人関西金光学園」の下で創設された，系列学校の一つです。そういった成り立ちから，金光教の人間観が投影された「建学の精神」の三本の柱（人間平等・個性尊重・和と感謝）が，創立時に掲げられました。

　本書では，「専門職の基盤となる人間性」をいかに培うかという課題を，大学教育が担うべきそれとして位置づけています。そのようにして，関西福祉大学で学ぶ専門職の知見や技術をバックグラウンドで支えるものに着目し，その養成を課題として受け止めた場合，同大学の建学精神に謳われている宗教的教養が大きな意味を持ってくる，という考え方がさらに示されています。

　「宗教的教養」という言い方には一種の抵抗感が伴うかも知れませんが，たとえば宗教者・親鸞上人が残した足跡は，宗教の枠を越えた哲学・思想として，人間の営みの様々な領域に影響と示唆を与えていることが知られます。本書は，そうした人間性の養成・涵養に資する分野への認識を，そこに関西福祉大学の成り立ちと深い関係がある金光教の宗教思想をも加えて深めていく，そのためのテキストとして誕生したと理解するところです。

　金光教の立場から，ひと言付け加えさせていただくなら，「人は気の毒な人を目にしたら，なぜ "かわいそうに" と思えるのか」――たとえばこういう問いを突き詰めていくところに，本書の目的と重なるものがあるのではないかと，直感的に思わされます。

最後に本書の刊行にあたり，学問的作法に則った学術書として，関西福祉大学の講義テキストに堪えうる内容へ仕上げて下さった執筆者の中村剛教授及び，尽力くださった加藤明学長をはじめ同大学の関係諸氏に，深い敬意を表したいと思います。

2024年3月

学校法人関西金光学園理事長

湯川彌壽善

大学における教養の新次元
——建学の精神が切り拓く「知」の地平——

目　　次

刊行に寄せて

序　　章	現代社会における教養の必要性

　「成長」「進歩」という言葉に示されているように，私たちは「前へ，前へ」と進んでいます。テクノロジーの操作をはじめとする様々な知識や技能を，常にアップグレードすることが求められていて，それをすれば便利で自己の興味関心を満たす生活ができます。ただし，社会・時代の要請に応えられない人や不平等の底辺にいる人たちは「置き去り」にされます。

　こうした社会の中で，改めて考えさせられるのがソクラテスの言葉です。

　　　「恥ずかしくないのですか。金銭，評判，名誉ばかり気にかけ，その一
　　方で，真理や魂（心，精神）が善くなることには配慮しない生き方をし
　　て。」（プラトン 2012：62）

　2400年ほど前の言葉ですが，欲望に囚われ，真理や魂に配慮しない，言い換えれば，人間性を考えようとしない状況は，今も変わらないのではないでしょうか。この状況に対してプラトンはアカデメイアで，人間性を形成するパイデイア（教育，教養）を実践しました。現代の大学も，教養を軸にした教育を展開すべきではないでしょうか。

　こうした問題意識を生み出している現代社会の状況を確認してみましょう。

1　社会を形成する諸要因

（1）経　　済

1）資本主義

　資本主義における資本とは，絶えず価値を増やしながら自己増殖していく

「運動」です。簡単にいうと，資本とは，金儲けの運動であり，金儲けを延々と続けるのが「資本主義」です。資本の運動が社会全体を覆うようになると，人間も自然も，その運動に従属して，利用される存在に格下げられてしまいます。そして，人間を無力化し，振り回します。私たちは，資本家も含めて，資本という運動の歯車です（斎藤 2021：40-44）。

2）欲望という力

人間の人間らしさを人間性と捉えるならば，その1つに「欲望」があります。欲望を満たすとそれで終わりではなく，新しい欲望が生まれます。それが人類の原動力です。そして，欲望は資本主義経済という制度全体を動かす力・エンジンのようなものです（ハラリ 2019：157-158）。

3）資本主義という宗教

『サピエンス全史』の著者であるユヴァル・ノア・ハラリは「今日，世界中のほとんどの国は，公言こそしませんが，経済成長が最も重要な価値だと考えています。…（中略）…現実にはどの国も経済成長こそが最も大切な価値だと『信仰』しているのです。…（中略）…経済成長こそ，直面するすべての問題の解決の鍵になると信じています。そういう意味で，資本主義は普遍性のある一つの宗教だと言えます」（ハラリ 2019：146-147）と述べ，それを「新しい宗教」と表現しています（ハラリ 2016-b：139）。さらにハラリは『ホモ・デウス』において，この後で述べるように，データとアルゴリズムを信仰するデータ教とでもいうべき新しい宗教が現れつつあると指摘しています。

（2）政　　治

世界の多くの国で採用された新自由主義（政府の介入を最小限にした自由市場経済を推進）における規制緩和は，権力と富の集中を促し，急速な寡占・独占を許し，膨大な富の格差を引き起こしました。生活が困難な状態になり未来に希望を見出せない人たちの怒りや恨みは，煽動家たちに利用され，その怒りの矛先は，格差を生み出しているシステムに向かうのではなく，移民，黒人，ヒスパニックたちに向かいます。こうして自分の国を第一に考えるナショナリズム

が台頭しますが，これはファシズムの一歩にもなりえます（チョムスキー
2020：257-263）。

　この状況は，嘘が簡単に広がるインターネット環境の中で促進され，民主主
義を維持できるのかが懸念されます。

（3）科学技術

1）人工知能（artificial intelligence＝AI）とアルゴリズム

①　人工知能

　AIとは，インターネットのおかげで可能となった，世界中の膨大なデータ
（ビックデータ）を上手に活用するための技術のことです（西垣 2019：19）。本書
執筆当時（2023年），大学等において，数理・データサイエンス・AIに関する
基礎的な能力の向上を図る機会を拡大することが，文部科学省によって奨励さ
れています（「理・データサイエンス・AI教育プログラム認定制度の目的」より）。ま
た，生成AIの一種であるChatGPTが社会の注目を集めています。

　最先端のAIシステムでも，人間が知覚，言語，推論に与えている豊かな
「意味」を把握することができません。AIと人間の知能の間には意味の壁がそ
びえ立っているのです（ミッチェル 2021：348）。意味とは，生きるための価値
／重要性のことであり，生物に特有なものです。また，AIと生物の根本的な
違いは，生物は自らルールをつくって自律的に行動し，自ら世界を構成します
が，AIはあくまで他律的存在であり，プログラムに指示されているに過ぎま
せん。したがって，AIには自由意志などはなく，それゆえ，道徳的責任を負
うこともできません（西垣 2019：87，165-166）。

②　アルゴリズム

　AIは問題解決のための手順・計算式，すなわちアルゴリズムを導き出しま
す。私たちは，こうしたAIやアルゴリズムについて学ぶことが求められる時
代を生きています。しかし，AIやアルゴリズムは意識をもつことはありませ
ん。一方人間は，意識をもち，それにより痛みや喜び，怒りといったものを感
じます（ハラリ 2019：100）。

２）インターネットとフィルターバブル

インターネットの世界にはあらゆる情報が存在していますが，その情報と私たちの間にはフィルターがおかれています。そのフィルターの一つに予測エンジンがあります。それは，インターネットを使用する人の好みを予測し，間違いを修正して精度を高めていきます。こうしたエンジンに囲まれると，私たちは一人ずつ，自分だけの情報宇宙に囲まれることになります。それをフィルターバブルといいます（パリサー 2012：19）。一人ひとりがフィルターでできた泡（バブル）に包まれ，インターネットのあちこちに浮かんでいるイメージです（井口 2012：298）。

フィルターバブルという自分に興味がある情報としか接しない環境下では，①自分とは異なる人びとや情報と接する機会，重要な公共の問題に関する情報に接する機会が減り，視野が狭くなり，倫理感覚が鈍ってしまう（パリサー 2012：29・95・180・182・184），②自分にとって都合が良いことに確信をもつようになる（パリサー 2012：109），③知らないことを知りたいと思う気持ちが生まれなくなる（パリサー 2012：112），④狭い自己の利益がすべてであるかのように感じられる（パリサー 2012：199）といった弊害を生み出します。

３）データ教

今日では，テクノロジーの力により，幸福，平和，繁栄，さらには永遠の命さえ，この地上で実現することができると信じる人たちが現れています。そうした人たちが信じているものがデータ教という新しい宗教です。この宗教が信じるものはデータです。彼らは，人間，政治，経済を含め，森羅万象はデータの流れからできていると考えます（ハラリ 2018-b：209-221）。

（４）知（学問）

１）自然主義と科学主義

自然主義とは，自然科学の領域へと存在論的に還元されうるものだけが存在しうるものであり，それ以外のものはすべて幻想に他ならないという考えです（ガブリエル 2018：154）。一方，科学主義について哲学者のマルクス・ガブリエ

ルは次のように説明しています。

　　　「自然科学は，およそ現実いっさいの基層——ほかならぬ世界それ自体——
　　　を認識する。これに対して自然科学以外のいっさいの認識は，自然科学の
　　　認識に還元されなければならない。あるいは，いずれにせよ自然科学の認
　　　識を尺度としなければならない。」(ガブリエル 2018：150)

　学問の世界では，自然科学を尺度とするような傾向が見られます。

2）科学と専門家

　科学は細かい分野に専門分化する傾向をもち，結果，それを専門とする者た
ちの視野を狭隘なものにする可能性があります（金森 2013：141-142）。科学の
専門家は，自分の専門分野のことはよく知っていますが，それ以外のことは知
りません。にもかかわらず，自分の専門外のことについて，その専門の学問を
受け入れようとはしないどころか，その知らない分野においても，自分の専門
のように支配したいという願望をもつ人もいます。こうした事態に対して哲学
者のオルテガは「科学者を近代の未開人，近代の野蛮人にしてしまう」「教養
人が少ない」と批判しています（オルテガ 1995：155-161）。

2　社会の状況

(1) 不平等と分断

1）拡大する不平等

　経済学者ルカ・シャンセルやトマ・ピケティらの運営する世界不平等研究所
（World Inequality Lab）が発表した「世界不平等レポート2022（WorldInequality
Report 2022）」によると，世界トップ10％の裕福な家庭が所有する富（Wealth）
は，成人１人当たり平均約7,790万円で，全体の75.6％を占めています。一方，
世界の中央値を下回る50％の貧しい家庭が所有する富は，成人１人当たり平均
約41万円で全体の２％に過ぎません。

世界トップ10％の所得は，成人１人当たり平均約1,233万円あるのに対し，世界ボトム50％の所得は同じく約40万円と，31倍の差が生じています。私たちは，１割の富裕層が８割の富を所有する世界で暮らしています（https://www.nli-research.co.jp/report/detail/id=70440?site=nli，2023年９月５日閲覧）。

２）分断される世界

　データ教（データ至上主義）が支配する社会では，エリート階級はデータ処理のアルゴリズムを都合よく操作して富を独占し，さらにバイオ技術によって不老不死に近い健康と長寿を楽しむことが予想されます。一方，大多数の人は仕事もなくなり，データ分析に基づく AI の決定という権威の下で，まるで奴隷のように短い一生を過ごすようになると予想されます（西垣 2019：102，ハラリ 2018-a：59・75-76；2018-b：152-153・182-188）。

　これは予想ではありますが，その一部はすでに実現しています。実際にアルゴリズムの作成などに従事したデータサイエンティストのキャシー・オニールは『あなたを支配し，社会を破壊する AI・ビッグデータの罠』の中で次のように述べています。

　　「私が目にしたのは，不平等の増大に伴う陰鬱なディストピア（暗黒の世界）の成長だった。アルゴリズムの働きにより，敗者は敗者の人生から抜け出せなくなる。幸運に恵まれた数少ない人びとは，データ経済に対する支配力をますます強め，あり得ないほどの富をかき集めながら，自分たちにはその資格があるのだと信じ込んでいく。」（オニール 2018：78）

（2）「真実以後の世界」とポスト・トゥルース

　2003年３月20日，アメリカは，①イラクのサッダーム・フセイン政権が大量破壊兵器を保持しているという理由，ならびに，②「サッダーム・フセインがクウェートに侵攻しないよう警告済みである」という前提の下，イラクに対して空爆および地上軍によって侵攻を開始しました。イラク戦争の始まりです。しかし，前提条件であったイラクへの警告が存在しなかったことが明らかにな

り，大量破壊兵器も見つかりませんでした。しかしながら，真実が隠蔽されたことを批判することより，イラクに対する勝利を喜ぶ雰囲気がありました（大橋 2019：9）。

　これに対してセルビア系アメリカ人作家のスティーブ・テシックは，真実の開示，真実を重要視しない世界で生きることを「真実以後の世界」と表現しています。そしてテシックは，勝利によって満たされる自尊心と真実を対置したとき，前者を重視し後者を軽視したのが「真実以後」の世界の選択であったと述べています（大橋 2019：9-11）。

　今日ではポスト・トゥルースという言葉が時代を象徴する言葉として使われています。オックスフォード英語辞典によれば「公論を形成する際，客観的な事実よりも情動や個人的な信に訴えかけることの方が影響力をもつような状況」のことです。この定義には，真実が輝きを失った，つまり，時代遅れのものになったという意味が含まれています（マッキンタイア 2020：20）。

　プラトンの時代から今日に至るまで，真理についてはいくつかの考えがありますが，それが価値として重要であることについての議論はほとんどありませんでした（マッキンタイア 2020：23-24）。すなわち，私たちは真理を重んじ，それが物事の重要な基準でした。にもかかわらず，今日では真理・真実（トゥルース）の価値が後退しています。

（3）教養の必要性

　以上の状況を視覚化すると，図序-1となります。知そして教育は，資本主義経済が要請する人材，科学技術を使いこなせる人材の育成を求められます。AIの進展や自然主義・科学主義という知の潮流の中では，「意味と価値」についての学びが軽視されます。そして，資本主義とAIやアルゴリズムは，新しい宗教といった様相を帯びてきています。私たちは，真理・真実という，これまでであれば根拠としていたものではなく，私の考えや感情，信念を根拠にした時代を迎えつつあります。

　真理・真実というものは，私の意見や信念とは「他なるもの」です。「自由」

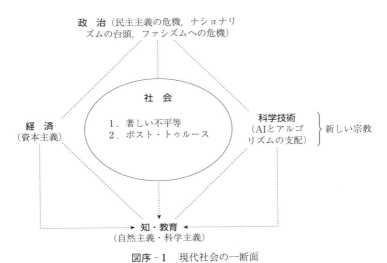

図序 - 1　現代社会の一断面

出所：筆者作成。

　が存在する精神的世界を生きている私たちは，遺伝子プログラムや生物学的な
本能に従って生きるだけでなく，「真理・真実」に従い，世界に様々な意味づ
けや価値づけをして共生してきました。

　教養は真理・真実と，それが生み出す知恵に基づき，生者同士の共生，生者
と死者との共存を可能にするものです。

3　目的と内容

（1）目　　的

　現代において教養は重要かつ必要なものと考えます。しかしながら，少なく
とも大学において教養は，低学年で学ぶ一般教養科目に示されるように，「専
門とは異なる科目を学ぶことで，幅広い視野を育成するもの」といったイメー
ジがあります。このイメージを教養が有する「広さ」とするならば，教養には
「深さ」を示す哲学的教養と「高さ（尊さ・厳かさ）」を示す宗教的教養があり
ます。そのことを，宗教に基づく建学の精神の学びを通し，「教養の新次元」

として示すことが本書の目的です。

（2）内　　容

　第Ⅰ部では教養の意味を明らかにします。その主な点は以下の通りです。

①　教養は，パイデイア，リベラルアーツ，ビルドゥングといった概念で
　語られてきました。このうち，プラトンが用いるパイデイアは，上り坂
　（学び）→頂点（真理に触れる）→下り坂（実践）といった教養の原型を示
　しています。よって，これが教養の源泉と考えます。

②　教養には，「学ぶ」という教育の側面と，それにより修得した「知恵」
　の側面があります。

③　教養とは，「学び」と，それにより修得した「知恵」により，それぞ
　れの人が宿している人間性を顕在化する営みです。

④　教養の学びの頂点で真理（アレーティア）あるいは真実（エメト）に触
　れます。哲学的教養における真理とは，思い込みや嘘といった覆いを剝
　ぎ取ることで露わになる，物事そのものの姿のことです。一方，宗教的
　教養における真理とは，抑圧から人びとを解放することにより顕在化す
　る人間や社会の本来的なあり方のことです。

　第Ⅱ部では，教養における学びや，その学びの中で気づかれた知恵に基づき，
いのち，生，死についての理解を深めます。その主な点は以下の通りです。

①　いのちには，個別のいのちと，それを生み出す「いのちそのもの（大
　いなるいのち）」という2つの次元があります。

②　哲学的教養により覆いが剝ぎ取られたとき，また，宗教的教養により
　抑圧から解放されたとき，人間性と社会の本来的なあり方が顕在化しま
　す。その状態における「生」が幸福です。

③　生を受けたことにより得たものすべてが「無」になること，それが死

9

です。その無について哲学的教養は語ることができません。それを語るのが宗教的教養です。

第Ⅲ部では，関西福祉大学における建学の精神を通して，宗教的教養の学びの一端を示します。その主な点は以下の通りです。

① 金光教が信仰する「神のはたらき（天地金乃神）」は，人間平等という知恵を人間に示しました。それは形式的な平等ではなく，キリスト教や仏教と同じく，慈愛や慈悲（金光教であれば神心）を伴った平等です。

② 「神のはたらき（天地金乃神）」は，個性尊重という知恵を人間に示しました。それは，その人のありのままを肯定し，その固有な役割を大切にするものです。

③ 「神のはたらき（天地金乃神）」は，和と感謝という知恵を人間に示しました。「和」は和らぎの心の大切さであり，感謝は，縁のネットワークの中で働いている「おかげ（恩）」への気づきの大切さを示したものです。

こうした宗教的教養の学びにより，大学における教養の新次元が切り拓かれます。

第Ⅰ部　大学における教養の再構築

第1章 | 教育と大学

1 教育と教養

(1) 教育とは何か

1) 言葉の意味

① 教　育

紀元100年にできた『説文解字』は，形象的な元の言葉を分解して，漢字一文字の本来の意味について書いています。そこでは，「教」の字は「上にあるものが下の者に施すこと。下の者はその施しに倣って学ぶこと」とあります。そこから「教育」という言葉は，代々の中国王政の社会的統制原理であった儒教により，2000年にわたって使われることになります（大田・中村 2018：33-35・124）。

② education（教育）と development（発達）

education の語源はラテン語名詞 educatio です。この名詞の動詞形 educare は，e-（「～の外へ」）と ducare（「～を引き出す」）に分解できます。ここから「教育とは本来，生徒や学生が持っている能力あるいは個性を『外に引き出す』営みであって，知識を詰め込んだり規則で個性を押さえつけたりする行為は教育の本来の姿ではない」という教育理解が語られます（池亀・髙梨 2015：24）。また，development という言葉は，自身を包み込んでいる（envelop）ものから自らを解き放ち，引き出す（de）という意味です（山口 2008：248）。

2) 「教育」概念の成立

近代社会は，人間が自ら社会を作り出し，作りかえていくことを編成原理とした人間中心の社会です。その社会の担い手である「個人の形成」という課題

を引き受けたのが教育です。この意味で「教育」は近代以降の概念といえます。ここにおいて教育は，国民国家の担い手の形成，国民経済の担い手の形成，個人化が進行する後期近代社会においては，個性ある個人の形成という課題を担うことになりました（苅谷 2012：265-267）。

（2）原点としての教育基本法

1）教育基本法という法律

①　教育基本法

教育基本法は，1947年に公布・施行された教育に関する基本法です。戦前の天皇制国家主義を支えていた教育勅語を否定し，「個人の尊厳」や「個人の価値」を基盤とする新たな民主主義教育の理念を指し示すと同時に，平和主義を特徴とする日本国憲法と密接なつながりをもっています（大内 2012：270）。

②　教育基本法の改正

教育基本法は2006年に改正されています。この改正には，①日本の歴史に対する賛美はあるが，過去の罪過への反省が微塵も含まれていない。②日本国憲法と平和が軽視されている。③「我が国の伝統と文化」「愛国心・郷土愛」「公共の精神」が強調されている（中谷 2007：12-13）といった批判があります。

2）南原繁の思想

南原繁は戦後，東京大学の総長になり，教養学部を設置しました。そして，戦後の教育理念を示した教育基本法の前文，第1・2条の生みの親の1人です（堀尾 2006：24）。南原の思想を確認することで教育基本法に示された教育の理念（あるべき姿）についての理解を深めたいと思います。

①　教育思想の背景

南原は第二次世界大戦を痛切に反省しており，それが戦後の教育改革へ向かう発条となっています。南原は「戦争においては一切の個性─人間的文化的価値は没却せられ，破壊せられる。戦争こそ，実に文化と道義の破壊者，人間性と自由の否定者である」（南原 1973-b：190）と述べています（村井 2018：92）。また，大戦に至る時代の日本の教育と文化に対して批判意識をもっていました。

その頂点にあるのが「教育勅語」批判です。なぜならば，教育勅語は臣民教育のために他ならなかったからです。この批判意識は，今こそが戦前からの訣別すべき出発点であるといった強い自覚を南原にもたらしました（村井 2018：92）。

② 精神革命

南原は，神の発見と，それによる自己克服がなければ真の人間性の理解には至らないと考えます（南原 1973-a：24-25）。そして，「精神革命」「人間革命」を主張します。これはある種の宗教的な精神変革を人びとに求めるものです（島薗 2020-a：51）。これを求める理由は，心的革命を欠いた場合，民主主義は「独裁制と少数者の指導者政治」や「大衆による機械的強制と暴力」に陥りかねないからです（伊藤 2020：61）。

南原は，精神革命を可能にするための指針を次のように3つ立てます（南原 1973-a：137-138）。

① 利己的享楽・権力目的・時代趨勢に囚われることなく，真理のための真理の探究を動機と目的とすること。

② 既定の説教を超えて，道徳的世界の秩序に従って自ら判断したことを，実際生活の上に実現すること。

③ 人間を超える絶対者に対する畏敬と信仰を通して，人格の完成に努めること。

これらを国家的強制によってではなく，各人が自ら判断し，自ら行為する自己教育によって養成された人間が，新しい日本を建設すると述べています（伊藤 2020：64）。

③ 教養の重視

日本が明治初期に輸入した文明・文化は，実証主義，功利主義，唯物主義を前面に立てて人間性を一面的にしか理解しておらず，その結果，大衆は経済の道具として使われました。さらに，科学主義の帰結とでもいうべき大量殺戮兵

器が人々を脅かしていました。こうした背景があるがゆえに，南原は科学主義
によって見失われた全体の理念や目的，人生と世界の知恵を問う「教養」の重
要性を説きました（村井 2018：89）。

　教養は人格を形成するものですが，その人格は，「国家の権力といえどもも
はや侵すことのできない自由の主体としての人間人格の尊厳─同時におのおの
が余人をもって代えることのできない個性の価値の相互の承認でなければなら
ぬ」（南原 1973-b：225）といったものです。

　ここにおける教養は，科学主義・専門知識と対比されたものであり，「それ
（科学技術）を何のために用いるかの，全体の理念や目的─人生と世界の知恵」
（南原 1973-b：225）を提示することができるものでなくてはならないと南原は
考えました。また，南原が説く教養とは，人間性の理念に基づいた「批判的精
神の漸次的涵養」であり，これは「従来のわが国民教育に欠けていた」もので
した（村井 2018：92-93）。

3）教育基本法（旧法）における人格の完成

　① 　教育基本法の目的

「第 1 条（教育の目的）

　教育は，人格の完成をめざし，平和的な国家及び社会の形成者として，真理
と正義を愛し，個人の価値をたつとび，勤労と責任を重んじ，自主的精神に充
ちた心身ともに健康な国民の育成を期して行われなければならない。」

　② 　人格の完成の意味

　人格の完成は，「個人の価値と尊厳との認識に基き，人間の具えるあらゆる
能力を，できる限り，しかも調和的に発展せしめること」（「教育基本法制定の要
旨」昭和22年文部省訓令）を意味します。教育基本法の草案では「人間性の開
発」でしたが，文部省の修正過程で「人格の完成」となりました（小出 2016：
60）。この「人間性」について南原は次のように述べています。

　　　「教育基本法の規定に，"人格"の完成とあるのは，むしろ道徳的人格の
　　　響きをもっていますが，原案では人間性の完成ではなかったかと思います。

　人は道徳的人格の他に，人間として各々与えられた可能性があり，それを最大限にまで啓蒙して，それぞれの個性を完成させることが教育であります。ひとり道徳的善のみでなく，すべての良きもの・美しきもの・真なるものに，われわれの眼を向け，それによって人間性を深め，豊かにすることができます。」（南原 1973-c：140-141）

　この「すべての良きもの・美しきもの・真あるものに，われわれの眼を向け」とは，プラトンが教育に求めたペリアゴーゲー（魂を向け変えること）を，それによって人間性を深め豊かにするという教育観は，プラトンのパイデイア（教養・教育）を彷彿させます。

（3）教育と経済

1）教育の自立性

　人類は教育を通して，その社会の価値体系や慣習を次の世代に伝達し，社会の秩序を維持するとともに，教育による新しい世代の可能性の開花によって社会を発展させてきました（堀尾 1989：101）。こうした教育は，産業界や権力的統制といった外部による支配から自立し，教育固有の論理（法則性）に基づいて教育的価値の実現を志向しなければなりません（堀尾 1989：100）。

2）経済の影響

　しかしながら1960年代になると，経済審議会を中心とする長期計画の策定の際，「戦後の教育改革とその新体制は，産業界の要請に応えることを怠っている」「日本の経済成長が教育政策に求めているのは，良質労働力の要請であり，その供給である」「教育はそれ自身目的を有しない」「教育の目的を規定するのは，現実の社会諸力である」といった意見が出されました。そして，産業界からの強い要請を背景に「経済が教育を支配する時代」へと入っていきました（堀尾 1989：92-94）。

　日本の教育政策は，表面では常に「人格の完成」とか「生きる力」とかの理念を掲げてきましたが，その都度の経済発展に必要な人材育成に取り組んでき

ています（桐田 2010：136）。

（4）メリトクラシーという社会構成原理

1）メリトクラシー

　メリトクラシーとは，IQ と努力によって獲得されるメリット（merit：称賛に対する価値・長所・功績）に基づいて，人びとの職業や収入などの社会経済的地位が決まる仕組みをもつ社会のことを意味します。メリットは，英語の原義に即するならば功績といった意味となりますが，「能力」と訳されることも多くあります（本田 2021：327-328・332）。メリトクラシーについて，「能力 merit のあるものによる支配体制」と説明しているものもあります（中村高康 2012：1252）。

　前近代社会は，家柄などの本人が変えることができない属性によって生涯が決まってしまう仕組み（属性主義あるいはアリストクラシー＝貴族制）でした。しかし，社会の近代化に伴い，学校教育の制度化・普及とともにメリトクラシーが社会に浸透していったと考えられます（本田 2021：328）。

　産業の教育支配の潮流と呼応して想起されたメリトクラシーは，官僚化と知の支配（エピステモクラシー）が密接に結合されて，今日の支配的な社会構成の原理となっています（堀尾 1997：88・99）。

　哲学者のマイケル・サンデルは，メリトクラシーが「責任」「努力」「意欲」などのレトリックと結びつくことによって，実際に極めて不平等である社会体制と，困窮者への侮蔑と放置を正当化する機能を果たしてきたと指摘しています（サンデル 2021：89-119；本田 2021：329）。

2）垂直的序列化と水平的画一化

①　日本人のスキル（能力）と経済・平等・意識の関係

　2011年から2012年にかけて OECD が「国際成人力調査」を実施しました。これは24カ国・地域の16歳から65歳までの幅広い年齢層（調査対象は各国約5,000人）を対象として，読解力，数的思考力，IT を活用した問題解決能力という 3 つのスキルを，日常生活に密着した具体的な問題を解いてもらうことによって把握した調査です（本田 2020：2）。

　まず，経済との関係を見てみます。日本は，読解力が極めて高いにもかかわらず，読解力が日本を下回る多くの国々よりも GDP が低い水準にあります。すなわち，日本ではスキルの水準が経済の活力を生み出していません。次に，政治との関係を見てみます。国内の所得の不平等の度合いとスキルの関係を見ると，読解力の平均値が高い国ほど国内の不平等の度合いは小さくなる傾向があるにもかかわらず，日本はその傾向から外れています。すなわち，日本では読解力が極めて高水準であるにもかかわらず，それが不平等を低下させることにつながっていないのです。これらは客観的な指標ですが，最後に主観的な面を見てみます。日本は，世界最高の一般スキルの水準を誇りながらも，その中で生きている人びと全般，特に若者の主観的なウェルビーイングは良好には程遠く，少なくとも先進国中では最もといってよいほどネガティブさ，暗さ，不安が色濃く刻印されています（本田 2020：2-18）。

　②　垂直的序列化

　教育学者の本田由紀は，戦後日本の教育を垂直的序列化と水平的画一化として整理しています。

　垂直的序列化とは，相対的で一元的な「能力」に基づく選抜・選別・格付けを意味しています。その能力には，「学力」と「生きる力・人間力」があります。本田は前者を日本型メリトクラシー，後者をハイパー・メリトクラシーと呼んでいます。これらは，下位に位置づけられた層を必ず生み出します（本田 2020：202）。

　③　水平的画一化

　水平的画一化とは，特定のふるまい方や考え方を全体に要請する圧力を意味します。具体的には「教化」という形を取ります。ここでも，一定層の排除をもたらします。なぜなら，水平的画一化は，一かゼロという二価の性質をもち，マジョリティに一であることを要請しますが，少しでも一でない存在をゼロと見なし否定的に扱う力学を含んでいるからです。

　3）教育による人間性の抑圧

　メリトクラシーに基づく教育では，学校が価値あると考える能力をテストで

測定し，また偏差値にすることで点数化・序列化します。小学校では，勉強すれば隠された宝物が発見できるのではないかと喜んで通っていましたが，中学に入ると繰り返されるテストの中で，成績評価の烙印を押され，小学校時代のことは幻想として打ち壊されます。そして，点数がよくない生徒の自尊心は育まれず，人と人とのつながりは切り裂かれ，人間を見る目も曇ります（堀尾1997：104-105・108）。こうした現実をみると，メリトクラシーに基づく学校が，人間性を抑圧する機能を果たしている，と言うことができます（堀尾1989：130）。

（5）2つのタイプ教育

ここまでの記述を踏まえると，教育には次の2つのタイプを想定できます。

1）従属的教育

ここにおける教育の目的は，社会の要請に応える人材の育成です。戦前であれば欧米に追い付く国家あるいは戦争に勝つことができる国家の建設に役立つ人材であり，戦後は経済成長に役立つ人材の育成です。この目的のために，すぐに役に立つ知識が教えられます。

従属的教育における教育政策の原理となるのがメリトクラシーです。これにより，戦後の日本は，垂直的序列化がなされました。しかしそこでは，社会や国家の要請に応える中で人間性の抑圧が起こります。また，戦争や著しい格差がもたらされます。

2）自立的教育

ここにおける教育の目的は，一人ひとりが宿している潜在的可能性の顕在化（実現）を権利として保障することで，平和と正義に適った社会を実現しようとするものです。この目的のために，人類が歴史の中で見出し継承してきた叡智が教えられます。

自立的教育における教育の原理となるのが，教育学者である堀尾輝久が言う「教育における正義の原則」です。その内容は「業績・能力（メリット）」ではなく「発達の必要（ニーズ）」に応じて教育するものです（堀尾1997：183-184）。

それぞれの個性に合った教育により，人間性を顕在化させ，それにより真理に基づく平和の社会・国家を形成していこうとします。自立的教育は，教育における本来の働きを自立的に展開していく営みです。

（6）教育における教養の位置づけ

　人類は，社会の価値体系や習慣を次の世代に伝達し，社会の秩序を維持するとともに，新しい世代の可能性の開花によって社会を発展させる営みをしてきました（堀尾 1989：101）。これを広義の教育と理解することができます。一方，狭義の教育は，社会の担い手である個人の形成という課題を引き受ける営みです。その教育には自立的教育と従属的教育があります。

　教育の機能は，個々人が宿している潜在的可能性・力に働きかけそれを顕在化させることです。そして，それにより社会を維持・発展させていくことですが，その教育を展開する場が学校です。小学校から高校までは生徒が宿している潜在的可能性・力を引き出す基礎的な教育が行われます。大学に入ると自立的教育を軸とした教養と，自立的教育と従属的教育に支えられた専門教育が行われます。

　1960年代以降の日本では従属的教育ならびにメリトクラシーという社会構成原理が支配的となり，教育現場では垂直的序列化と水平的画一化がもたらされてきました。

　このような教育全体の中にあって教養は，大学という場において，真理など普遍的なものの要請に応える自立的教育の中核を担っています。教養は，戦争の勝利や経済成長のための人材育成という従属的教育に抗し，自立的教育（本来的教育）の根幹に位置し，真理を探究し，それを基準に判断・行動できるという人間の潜在的可能性（人間性）を顕在化させる営みです。

　以上を視覚化すると，図1-1となります。

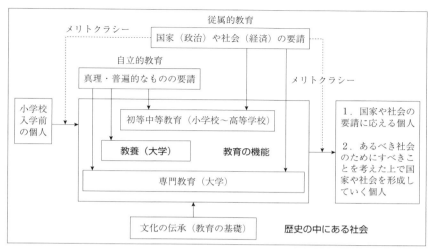

図 1 - 1　教育における教養の位置づけ

出所：筆者作成。

2　大学の現状・歴史・理念

（1）大学の現状

　最初に，大学が今どのような状況におかれているかを，世界そして日本のそれぞれについて確認しましょう。

1）世界規模で進む人文学系の軽視

　アメリカの哲学者であるマーサ・ヌスバウムの『経済成長がすべてか？——デモクラシーが人文学を必要とする理由』の冒頭には，次のタゴールの言葉が引用されています。

　　「歴史が新たな段階に到達し，道徳的な人間，人格的に完成した人間は，商業的な人間，限られた目的しかもたない人間に，ほとんどそれを気づかぬうちにますます場所を譲り渡しつつある。

　　科学における驚異的な進歩に助けられて，このプロセスの規模と力は巨

大化している。道徳のバランスは乱れ，魂を欠いた組織の下で人間の人間らしさが見えなくなってきている。──ロビンドロナト・タゴール『ナショナリズム』1917年」（ヌスバウム　2013：v）

　タゴールはインドの詩人でノーベル文学賞を受賞しています。この詩人の言葉を聞くと，私たちは「道徳的な人間，人格的に完成した人間ではなく，限られた目的しかもたない人間」になるよう，教育を受けているのではないか，と考えさせられます。ヌスバウムは，現代の世界中の教育は，国益を追求するあまり，デモクラシーの存続に必要な人文学（ヒューマニティーズ）と芸術が，初等・中等教育および大学などの高等教育において切り捨てを余儀なくされる，と指摘しています（ヌスバウム　2013：3-4）。

　ウィーンの哲学者であるコンラート・バウル・リースマンも現在の大学は，効率化と実学化が進み，教育制度は企業をモデルとした知識工場と化し，教養は世界規模で活動する産業に取って代わられていると批判しています（リースマン　2017：iii-iv）。

2）機能主義化する大学

　日本における一連の大学改革は，1991年の大学設置基準の改定に始まります。この改革が前提とする大学像は，大学やそこにおける教育を社会的機能に還元して捉えるものです。教育学者の松浦良充はそれを「機能主義」と呼んでいます。ここにおける「機能」は，教育を，独立変数（入力）と従属変数（出力）との間の合理的・効率的相関に還元してしまうものです（松浦　2013：58）。

　機能主義は評価主義と成果主義によって支えられています。1991年に自己点検・評価が導入（99年に義務化）されて以降，外部評価や第三者評価が採用されるようになり，2004年には認証評価が制度化されました。現在の大学評価を貫いている原理的思考法は，いわゆる PDCA サイクルに基づくものです（松浦　2013：60）。こうした思考法を松浦は評価主義と表現しています。

　現在の機能主義に基づく大学改革・政策が前提とする大学像・教育概念は，「大学は教育の質保証に自ら努めながら，社会的要請（社会のニーズ）に見合っ

た学生を産出する」といったものです（松浦 2013：61）。

3）大学に求められる知の変容

1980年代以降，特に90年代に入ってから，多くの経済先進国で共通して教育目標に掲げられるようになった能力に関する諸概念を，教育方法学を専門にする松下佳代は〈新しい能力〉と表現しています。それは初等・中等教育であれば「生きる力（文部科学省）」「リテラシー（OECD-PISA）」「人間力（内閣府：経済財政諮問会議）」「キー・コンピテンシー（OECD-DeSeCo）」「就職基礎力（厚生労働省）」「社会人基礎力（経済産業省）」「学士力（文部科学省）」などです（松下 2010：2-3）。

このように近年，市場経済的な価値観を背景に，可視化，測定化しうる能力としての「コンピテンシー」が初等教育から高等教育に至るまで浸透し，知識の内実よりも，知識の活用，問題解決，処理技能が重視される傾向にあります（綾井 2019：9）。

（2）学問・大学の起源

社会の要請に応えるのが今日の大学の教育です。そのため，それ以上「大学における教育とは何か」が問われていません（松浦 2013：58）。しかし，大学における教育とは，社会の要請に応えるだけなのでしょうか。この点を確認するために，簡単に大学の歴史，そこにおける理念の変遷を整理してみます。

1）プラトンの学園

古代ギリシアのアテナイでは，紀元前390年頃にイソクラテスが，紀元前387年頃にはプラトンが，学校を開きました（納富 2020：29）。このうち，学問や大学を考える上で，その源泉かつ典型といえるのが，プラトンが開設したアカデメイアです（廣川 1999：15-17）。そこでは，思い込みに囚われている魂（精神）を真実なるものへと向け変え（ペリアゴーゲー），魂が真実なるもの（普遍的なもの，イデア）へと上昇していくことができるような教育（パイデイア）が展開されていました（廣川 1999：139）。学問の自由と自律という理念は，プラトンの学園をモデルとして中世ヨーロッパの大学から近現代の大学まで脈々と受

け継がれています（納富 2020：29）。

2）教育プログラム

　プラトンの教育（パイデイア）プログラムは，『国家』における「洞窟の比喩」として語られています。まず，魂の向け変えを準備し，洞窟内に映っている影が本物ではないことに気づかせるために，数論・幾何学・天文学・音楽理論といった数学的諸学問が重視されます。その理由は，目に見える事象を構成する数的原理は，それ自身としては目には見えないものであり，思惟によってしか得られないからです。ただし，そうした数学的諸学問はあくまで準備学問に過ぎず，「向け変え」の最後の仕上げは，「ディアレクティケ（対話の技術）によって行われることが強調されています（藤沢 1985：16）。

　こうした教養（パイデイア）によって育成されるのが哲学者です。プラトンにとって哲学者とは「つねに恒常不変のあり方を保つもの（イデア）に触れることができる人々のこと」（プラトン 2002：16；藤沢 1985：18）でした。

（3）大学の変遷

1）中世（創設時）

　高等教育機関として大学が成立するのは，西欧においては，中世末期の12世紀頃から13世紀頃です。イタリアでは，1088年にボローニャ大学が，フランスでは1100年にパリ大学が設立され，そこでは，中世において行われていたそれまでの修道院や寺院における教育よりも，より一層高等な教育，すなわち「自由七科」（seven liberal arts：算術，幾何，天文，楽理，文法，論理，修辞）の教育が行われ，無条件の真理の探求が行われることになりました。「大学を修了した人々の精神の教養によってこそ，真理の探求が，それらの職業の遂行に望ましい結果をもたらす」と考えられていたからです（ヤスパース 1955：14）。

　創成期の大学は研究と教育を行う同業組合＝ウニヴェルシタス（universitas：全体，宇宙，世界，組合といった意味を持つラテン語。大学を意味する英語 University やドイツ語 Universität などの語源）でした。当時，教師，学生はあらゆるところで集結し，宣誓を行い「大学」を構成しています。そこでは自分たちの手で規

約を取り決め，代表者を選びました。そして，組合の存在理由である研究と教育が自律的に行われるよう法規を定めました（シャルル 2009：18・21）。

　大学という組合が，組合として意味をもったのは，その構成員のすべてが，真理を愛するということにおいて，互いに愛し合うというところにありました（今道 1972：93）。

２）近代の大改革（16〜18世紀）

　大学はその誕生から，常に改革すべき未完の状態にあると考えられてきています（シャルル 2009：75）。16世紀・17世紀に行われた大学改革は，かつて大学に認められていた自治を解体し，国家による管理を強化するものでした。それにより，大学が国家や職業の需要に，これまで以上に適応するようになっています（シャルル 2009：82）。

３）第 1 の革新期（1780〜1860年頃）

　近代の大改革以降の前半期（1780〜1860年頃）において優勢となったのがドイツの大学モデルです。それを基礎づけたのがフンボルト，フィヒテ，シュライエルマッハーの新人文主義的な潮流の中で育んだ諸理念です（シャルル 2009：95）。この他，この時期には，中央集権的かつ国家的なフランスモデル，カレッジを中心としたイギリスモデルもつくられました（シャルル 2009：118）。

４）第 2 の革新期（1860〜1940年）

　この時期は，高等教育の多様化・拡大，そして専門職化の時代と呼ばれています。そこにおける特徴は，それぞれの国において高等教育が，ますます中心的課題となったことです。個人が社会の中で自己実現するにしても，国が国民の統合を推し進めるにしても，学問と経済によって国内そして国際的に発展するにしても，あるいはエリートばかりではなく労働運動の担い手を育てるにしても，大学が重要な役割を担うことが確認されたのです（シャルル 2009：119）。

５）大学において継承されてきた「批判機能」

　いまだに民主主義の欠如に苦しむ国々にとっては，大学あるいはそれに代わるものは，19世紀のヨーロッパ諸国と同様に，政治的な抑圧を最初に批判しうる場の一つです。13世紀から大学が経験してきたあらゆる変化にもかかわらず，

おそらくこの「批判」という機能は，社会的な諸力によって脅かされながらも7世紀にわたって途切れることなく続いてきた，大学という知的冒険にとっての真の赤い糸なのです（シャルル 2009：159）。

（4）大学の理念

1）カント

イマヌエル・カントは『諸学部の争い』の中で大学論を展開しています。カントが生きた時代の大学は，入学して7つの自由科目（リベラル・アーツ）を学び，その後，社会の要請に応える医学部，法学部，神学部のいずれかに進みました。哲学部が下部学部，医学部，法学部，神学部は上部学部と呼ばれています（松本 2015：5-6）。

大学は政府の統治システムを担う機関であるがゆえに，上部学部はより価値があるとみなされていました。ここでは，政府が許可する範囲内での研究が展開されていました。これに対して哲学部は政府から自由に，精神と学問の自由に基づき研究がなされるべきであるとカントは考えました。上部学部は社会の要請に応えるが，哲学部は理性の要請に応えるべきであるというのがカントの大学論です（松本 2015：8-17）。

2）フンボルト兄弟

大学史では，ベルリン大学の創設から「近代大学」が始まるとされています。それ以前の「中世大学」や「近世大学」は，18世紀末には沈滞の極致に達していました。ベルリン大学は，従来型の大学とはまったく異なった原理で創設されています。その原理がフンボルト兄弟による「フンボルト理念」です（森 2012：99）。1810年にベルリン大学が創設された頃から，大学教員の職務は教育と研究とされ，大学教員の能力や資格の判定は研究成果で行われるようになりました（潮木 2004：55）。

3）ヤスパース

カール・ヤスパースは「大学は3つのことを要求する。それらは，1）特定の職業のための授業，2）教養（教育），そして3）研究である。大学は，専

門学校であり，教養の世界であり，また研究機関である」（ヤスパース 1955：81）と言っています。そしてヤスパースは，大学とは無条件に，あらゆる意味で真理が探求される場所であると述べています（黒川洋行 2007：67）。

4）オルテガ

ホセ・オルテガ・イ・ガセットの『大学の使命』の中で展開されている大学改革論は，大衆化社会の到来とともに，群れをなすように増加するおびただしい数の学生に対して，大学がどうあるべきかという，当時の新しい時代的背景に基づいた視点に立っています。

オルテガは，大学教育の役割には，①教養（文化）の伝達，②専門職教育，③科学研究と若手の研究者養成があると述べています（黒川洋行 2007：70）。このうち教養は，各時代における諸理念の生きた体系であり，それは生の難破を防ぐもの，無意味な悲劇に陥ることなく，過度に品格を落とすことなく生きていくようにさせるものでした（オルテガ 1996：24）。

3　大学の潜在的可能性・構造と機能・今日的課題

（1）大学の潜在的可能性

1）もう1つの真理の軽視

前述したように，学問・大学の起源であるアカデメイアでは，思い込みに囚われている魂（精神）を真実なるものへと向け変え（ペリアゴーゲー），魂が真実なるもの（普遍的なもの，イデア）へと上昇していくことができるような教育（パイデイア）が展開されていました（廣川 1999：139）。ここにおける普遍的なものには，学問（今日では科学）によって解明される真理と，宗教が見出した真理があります。しかし，大学が誕生した時に既に，後者の真理は，神学部という専門課程によって探究・継承されるものと位置づき，教養課程では「宗教学」という講義で，その真理の一端に触れるに留まっています。宗教が見出した真理は，大学が誕生した時に既に，軽視されています。

2）宗教が見出すパイデイア（教養）

　私たちは意味と価値に彩られた世界を生きています。そこで，いのち，生の意味，死，といった根源的なものについて問い考えざるを得ない状況に直面するときがあります。そのような時に１つの指針を与えてくれるのが，宗教が見出した真理です。大学は，科学が明らかにする真理に応えるだけではなく，宗教が見出した真理に応え，それを教養として伝えることができます。大学は，そうした可能性を秘めています。

（2）構造と機能

　以上の整理に基づき大学の構造と機能を説明します。

　まず，大学は２つの文脈に位置づけて理解することができます。１つは，時代とともに移り変わる社会という文脈であり，もう１つは，プラトンが想定したイデア界のように社会を超えた文脈です。この２つの文脈に応じて，大学は２つの要請に応える場・機能と理解できます。

　１つは社会からの要請です。ここにおける典型的なものが専門職の要請です。大学創設時の専門分野であった医学部は医者を法学部は法律家を，そして神学部は聖職者や宗教科目教員の育成が要請されていました。一方，社会を超えた次元からの要請には，真理の探究と「神のはたらき」（仏教であれば法（ダンマ），金光教であれば「天地のはたらき」）への応答，といった２つがあります。このうち前者は，大学のリベラル・アーツのように，真理を探究する上で不可欠な物事を批判・吟味する力を養い，後者は，宗教に基づく大学における建学の精神の学びのように，その大学のアイデンティティを形成するものとなります。

　これら２つの要請に基づき大学は２つのパートから構成されます。１つは，真理を探究する上で不可欠な物事を批判・吟味する力を養う，あるいは「神のはたらき」に触れ真理を学ぶ教養課程，もう１つは，社会の要請に応える専門課程です。これらの課程による研究と教育を行うことで，大学は，一方では哲学的教養と宗教的教養を身に付けた学生を，もう一方では，社会が要請する専門職や専門的な知識やコンピテンシーを身に付けた学生を輩出します。以上をま

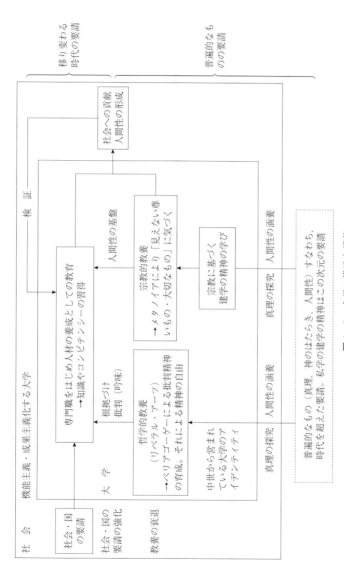

図1-2　大学の構造と機能

出所：筆者作成。

とめると，図1−2となります。

（3）今日的課題

1）教養の再生

　タゴール，ヌスバウム，リースマンが言うように，今日の大学は，社会の経済的な（産業界の）要請が強まることで教養教育が衰退してしまっています。その背景には，メリトクラシーがあります。コンピテンシーといった実務能力を超え，かつメリトクラシーについて吟味し，望ましい社会を構想できる人間性を涵養する教養の再生が，第1の課題です。

2）普遍的なものの学びの充実

　機能主義的な大学になるに従い，社会の要請に応えるウエイトが増し，その分，普遍的なものに応えることが減少します。具体的にいえば，短期的に社会の役に立つものに予算が重点的に配分され，人文学に対する研究は軽視される傾向にあります。さらに，学問＝科学という科学主義・実証主義的な学問観が支配的な今日の大学において，宗教に基づく建学の精神を教育に反映させることは容易ではありません。人文学や建学の精神が指し示す「普遍的なもの」の要請に応える教養教育，人文学，そして建学の精神の学びを充実させることが2つ目の課題です。

3）自主性の回復

　大学は，国家が求める人材を養成することになっています。具体的にいえば，様々な文部科学省からの要請に従う中で運営・経営がなされています。しかし大学は，国家とは関係が無いところで自発的に発生した組織・機関です。そして私立大学の場合，それぞれが建学の精神をもって設立されています。これらのことを踏まえるならば，私立大学の場合，いかに建学の精神に基づいた自主的で独自性のある教育を展開していけるか，これが3つ目の課題となります。

<table>
<tr><td>第2章</td><td>教養・真理・人間性</td></tr>
</table>

1　教養概念の整理

（1）辞書による教養の説明

　教養という言葉は，『広辞苑』では「①教え育てること。②（culture イギリス・フランス・Bildung ドイツ）学問・芸術などにより人間性・知性を磨き高めること。その基礎となる文化的内容・知識・振舞い方などは時代や民族の文化理念の変遷に応じて異なる」とあり，『大辞林』には「①教え育てること，②社会人として必要な広い文化的な知識。また，それによって養われた品位。③〔英 culture；（ドイツ）Bildung〕。単なる知識ではなく，人間がその素質を精神的・全人的に開化・発展させるために学び養われる学問や芸術など」とあります。また，『現代社会学事典』には「文化についての幅広い知識やそれによって培われた振る舞いをいうが，現実的には，支配集団の身分文化が教養とされることが多かった」（竹内 2012：289）とあります。

　これらからわかることは，教養とは「教え育てる」という教育の側面と，それによって培われた「知識や立ち振る舞い」の側面があり，それは，エリート集団の文化とされることが多かった，ということです。

（2）日本における教養という言葉の変遷

1）エデュケーションからカルチャー・ビルドゥングへ

　教養という言葉が日本語として定着するのは明治以降であり，当初は education の訳語として用いられていました（進藤 1973：68）。しかし，大正時代になると英語の culture（カルチャー）やドイツ語の Bildung（ビルドゥング）に該

当するものとして「教養」という概念が確立されます。ここでは，「教養」は理想的な人格や人間性を追求する自己目的的で自己形成的な活動として捉えられていましたが，基本的には他者から教授されたり，学校の教育課程において習得されたりするものとは想定されていませんでした（松浦 2015：87）。

2）教養主義における教養

　カルチャーやビルドゥングに該当する概念として確立された「教養」は，大正時代には教養主義というものを生み出しました。それは，学問や芸術を通じて人格の向上を目指す態度のことです。日本における教養主義は，旧制高等学校において規範的な学生文化として定着し，封建的な支配階級に代わる学歴エリートの身分文化となりました（井上 2012：289）。

3）リベラル・アーツとジェネラル・エデュケーション

　「教養」は第二次世界大戦後に新しい局面を迎えます。この時期に，アメリカの強い影響の下で新制の大学制度が発足し，そこで「一般教育」の必要性が説かれ，導入されます。その必要性について『第一次米国教育使節団報告書』には，「日本の高等教育機関のカリキュラムにおいては，…（中略）…大概は普通教育（general education）を施す機会が余りに少なく，その専門化が余りに早く又余りに狭すぎ，そして職業的色彩が余りに強すぎるように思われる」とあります。しかし，general education の具体的内実は説かれていませんでした（大学教育学会25年史編纂委員会編 2004：9-10）。

　戦後，日本の大学に導入されたジェネラル・エデュケーションは，アメリカのリベラル・アーツ教育を日本に導入する試みであったといわれています（清水 2010：135-136）。大学における一般教養が，リベラル・アーツの流れを汲むものであることから，教養＝リベラル・アーツと捉える見方も生まれたのでしょう（村上 2022：78）。

　以上で確認したように，教養は，教養主義における「教養」の意味合いで用いられたり，リベラル・アーツと同じようなものとして用いられたりしています。

2 3つの教養概念——パイデイア，リベラル・アーツ，ビルドゥング

（1）パイデイア

　現代では，教養をビルドゥングと捉える見方もあれば，リベラル・アーツと捉える見方もあります。しかし，私たちが教養という言葉で理解しようとしている事柄の源泉には，パイデイア（教養・教育）があります。

1）プラトン

　パイデイアに明確な意味を与えたのがプラトンです。プラトンは職業的専門的教育を真の教育（パイデイア）とは見なさず，人間固有の優れていること（アレテー＝徳，人間性）を開花させることを真の教育と考えました（廣川 1990：13-15・22・30・33）。

　プラトンのパイデイアには，3つのポイントがあります。1つ目は，無知の自覚です。その中でも，単に知らないという無知より，知っていると思い込んでいる無知の自覚が大切とされます（廣川 1990：69）。2つ目は，そうした無知から真実・真理（善のイデア）へと魂を向け変えることです。それは，「洞窟の比喩」として有名な『国家』の一節にある教育論です。プラトンにおけるパイデイア（教養）は，目に見える洞窟の壁に映っている影を実在と思い込んでいる精神を，真に実在するものを示すイデアといった超越的なものへと向け変えること（ペリアゴーゲー）を意味していました（エルラー 2015：144-148；中畑 2021：190-192）。3つ目は，知性・理性が欲望や気概（困難にくじけない強い意志）といった精神に対して，その全体の調和・バランスを図ろうとすることです（廣川 1990：108・122・129）。

2）イソクラテス

　プラトンとならびパイデイアという言葉の源泉にいるのがイソクラテスです（廣川 1990：22・25）。彼は，言語（ロゴス）に関わる能力の開発が人間形成の中核とする教養の理念を打ち立てました（廣川 1990：37）。イソクラテスの教養においては，公的で普遍的な事柄に対して，思慮（善き意見・健全な判断）を持

つこと，仲間と正しい，節度ある交わりを保つこと，快楽を支配し，傲慢にならないよう自分自身を保つことが目指されました。そして，そうしたことを弁論・修辞術を通して行うパイデイア（教育・教養）という考えを確立させました（廣川 1990：153・160・183）。

3）ヘレニズム期におけるパイデイアの文明

ヨーロッパ文明の根底にはギリシア精神とキリスト教精神があり，前者をヘレニズム，後者をヘブライズムといいます。ヘレニズム期とは，ローマ帝国のアレクサンドロス３世（アレクサンドロス大王）が死んでから紀元前30年まで，地中海一帯がローマ帝国によって統一されるまでの時代を指しています。それは古典期といわれるギリシアにおけるポリスの文化とは異なり，開かれた，広く新しいギリシア風の文化が普及し，オリエント，ギリシア，エジプトを文化的に融合した時期でした（大口 2014：32）。

この時期の教養（パイデイア）は，精神が十分に発達して，そのあらゆる素質を開花させた状態，人間が真に人間らしくなった状態を意味するようになります。それにより教養は，人間精神がすがることのできる唯一の揺るぎない真正の価値の座を確保することで，大方の人間にとって，宗教に匹敵するものとなっていました（マルー 1985：119-134；大口 2014：106）。

（2）リベラル・アーツ

1）エンキュクリオス・パイデイアからアルテス・リベラーレス

今日のリベラル・アーツ教育の淵源は，ギリシア・ローマ時代のエンキュクリオス・パイデイアにあります。エンキュクリオスという形容詞は「円環的」という意味であり，諸科目が円をなすように互いに関連し合う教育課程であるのでそう呼ばれました（山田 2008：225）。エンキュクリオス・パイデイアという言葉には，「青年の人格的陶冶と有徳な市民の育成は，専門科目ではない諸学によってこそなされる」という思いが託されています。そこには農耕術などの実学を「奴隷の学」と呼び，自由人たる市民に対しては個別学を超えた，総合的判断能力を求めたギリシア人の考えが込められています（水落 2008：76-77）。

2）キケロの教養論

　古代ローマの政治家・哲学者であるマルクス・トゥリウス・キケロは，ギリシア語のパイデイアをラテン語のフマニタスと訳し，エンキュクリオス・パイデイアをアルテス・リベラーレスと訳しました（山田 2008：225）。ラテン語のフマニタスには，人間性，教養，洗練された社交（あるいは他者への寛容）という意味がありますが，この3つの意味をもった存在が弁論家であり，それはローマの仕事とギリシアの哲学を統合した存在でした（加藤 1990：16・21）。そして，この弁論家をはじめ，良きローマ人が習得しなければならないものが自由学芸（アルテス・リベラーレス，英語ではリベラル・アーツ）でした。これは「自由人が学ぶにふさわしい諸学」という意味です（加藤 1990：24-25；水落 2008：77）。

3）リベラル・アーツ（自由七芸＝自由学芸）

　古代ギリシア・ローマでは，政治家や軍人といった自由人は，議会や法廷で自らの主張を述べ，雄弁や論理によって相手を説得しなければなりません。この時代の1つの教養人の理想は「雄弁な人」でした。そのため，文法学・弁証学・修辞学の三学の学びが必要でした。文法学は「読み書き」と「文学」から成り立っています。弁証学は現代の形式論理学に相当する学科です。そして，修辞学は魅惑的な言葉で人びとを説得することを目的とした実践的科学です（水落 2008：77-78）。

　もう1つの教養人の理想は「学識の人」です。この理想は，数学に関わる四科によって実現されることになります。これらの諸学科は，世界の目に見えない数学的本性を，それの物的表現である天体と音楽を手がかりに探究し，把握することを目的としていました。その四科が，算術，幾何学，天文学，音楽です（水落 2008：78）。

　なお，今日いわれている自由七科と呼ばれるリベラル・アーツの7つ科目を具体的に示したのは5世紀末，百科全書的著述家の一人，マルティアヌス・カペラという人です（半田 2010：149・154）。

4）中世の大学におけるリベラル・アーツ

　中世に生まれた大学では，神学部・法学部・医学部の3つの専門学部と，それらの学部への予備課程としての教養学部がありました。教養学部で教えられていたのが文法・修辞学・論理学の三学と，算術・幾何学・天文学・音楽の四科であり，これを自由七芸（アルテス・リベラーレス）と呼んでいました。専門学部が牧師・法律家・医師を養成する職業学部であったのに対して，教養学部は特定の職業のための教育でなかったことから自由という形容詞がつけられました（潮木 2008：10）。今日の大学における一般教養（教養課程）のようなものです（隠岐 2018：16）。

（3）ビルドゥング

1）エックハルトからヘルダー

　ドイツ語の bilden という言葉は，ラテン語の formare の翻訳語です。この formare という語は，「神との同一化への発展」を意味しており，bilden には本来，宗教的意味が付与されていました（林 2002：70）。この言葉を哲学的文脈で用いたのはマイスター・エックハルトという神学者です。彼は神の似姿（imago Dei）＝神の像（Gottes Bild）に自らが成ることを，bilden という言葉で表現しました。この発想が，医師であり神秘思想家であるパラケルススなどを経て，哲学者，文学者，神学者であるヨハン・ゴットフリート・ヘルダーに流れ込み，Bildung が哲学の概念となります。ヘルダーにおいては，自らを形成すること，すなわち天与の素質を育成することが，同時に世界形成への参与と考えられるようになります。そして教養（Bildung）とは，人間が世界を形成するのと同時に，世界が人間を形成する，といった意味を持つようになりました（竹内 2004：16）。ヘルダーにおける Bildung にも，人間の中に形どられた神の姿を描くといった神との関係がありました（三輪 1994：14）。

2）神の似姿から人間による自己の形成

　Bildung は，神の似姿を目指して人間を形成していく概念として生まれました。しかし，神ではなく理性の光で世界をみようとする啓蒙主義が台頭してく

ると，神によって人間が形成されるという考えが衰退し，人間が自らの内面性（精神性）を形成していく概念となりました（内藤 2006：2）。すなわち，Bildungという概念は近代になると，徐々に神との関係から離れて，人間の素質（自然）と環境という観点から，その意義が説かれるようになりました（大田2009：2）。こうして18世紀の後半，市民社会の成立とともに，自己形成といった教養の意味が生まれます（清水 2010：19-21・218）。

　ここにおける教養は，啓蒙（暗い状態，すなわち無知な状態に対して，神ではなく理性の光で照らすことで，正しい状態に導くこと）や教育とは異なる意味を持ちます（野田 1997：18）。それは，公的領域と私的領域を生きる「私」を統合することで「自分らしさ」を形成する能力，そして，自分が直面する諸問題を解決できる能力です（清水 2010：42-43・50-51・211）。

3）ゲーテとフンボルトが示す教養（Bildung）の意味

　ヴィルヘルム・フォン・フンボルトは1792年の著書の中で，「人間の真の目的は…（中略）…みずからのもろもろの能力をひとつのまとまりのある全体にむけて最高度に，しかも調和のとれた仕方で発展させることである」と書き，また，ヨハン・ヴォルフガング・フォン・ゲーテは『ヴィルヘルム・マイスターの修行時代』の主人公をして「ここにあるがままのわたし自身をまったくそのままに完成させてゆくことが，わたしの若い頃からの漠然とした願望であり，意図でもあったのです」と語らせています（野田 1997：18）。

　これらの言葉は，その頃から人びとが教養という言葉に盛り込もうとした意味内容の核心を一早く大胆に定式化してみせたものとして，引用されることが多いものです。これらは，各人の個性の自発的な発展と完成が教養という概念の中心に据えられたこと，言い換えると，職業に就くために人間の知力を開発するといった意味での教育と区別されて，教養という言葉が用いられるようになったことを示しています（野田 1997：18-19）。

3　真理・真実

　社会や国家の要請ではなく，真理・真実を探求し，それに応える／従うのが
教養です。ここではそれらの言葉の意味を確認します。

（1）哲学的教養における真理

1）真理の意味

　「真理」を言い表す alētheia（アレーティア）は，「隠蔽」や「忘却」を意味す
る lēthē（レーテー）に，否定や欠如を表す接頭辞 a を加えた言葉です。そのた
め，真理の原義は，事象が覆いを剥ぎ取られて明らかになる（発見される）と
なります。古代ギリシアでは，覆いを剥ぎ取るのが「ロゴス（言葉，論理）の
はたらき」です。ここから 2 つの真理に対する見方が生まれます（野家 1998：
848）。

　1 つは，発見される物事そのものが真理であるという存在論真理観です。も
う 1 つは，ある言葉が，その物事を正確に表現しているという認識論的真理観
です。現代では，真理とは「……は真である」という述語に他ならないとされ
ています（野家 1998：848）。

2）真理の歴史

　古代ギリシアのプロタゴラスは『真理』という書物の中で「人間は万物の尺
度である」と言いました。簡単にいえば，あるものは私にとっては「これこ
れ」とあり，あなたにとっては別のようにある，というものです。これは真理
の相対主義といったものです（岩田 1998：849）。

　しかし，プロタゴラスより少し前に生きたパルメニデスは真理（アレーティ
ア）を，物事がありのままに「隠れていない」状態と捉え，真理の探究は，あ
るがままの「存在」の探究と考えました（山川 2023：140）。

　パルメニデスの最大の後継者と呼べるのがプラトンです（納富 2011：37）。
プラトンは真理の基準を人間ではなく，永遠不滅のイデアと考えることで相対

主義を反駁しました。ただしプラトンは，イデアを仮説として設定し，その帰結の調和が破れればその認識は真でないといった，一種の整合説をとっていました（岩田 1998：849）。

　これに対してアリストテレスは，真偽は物事の内にあるのではなく判断の内にあるが，その基礎は存在にあると考えました。そして，物事（存在）と認識が一致していることが真理であるという真理の対応説の原型を示しました（岩田 1998：849）。

　中世になり alētheia（アレーティア）が veritas（ヴェリタス）というラテン語に翻訳されると接頭辞 a に込められていた否定性は背景に退きます。そして中世のスコラ哲学では，真理を「知性（認識）と事物（存在）との合致」とする真理の対応説が定式化されました（野家 1998：849）。

　その後，近代から現代にかけ，様々な真理の考えが提示され，現代の考え方は『現代哲学のキーコンセプト　真理』（2019）にまとめられています。その結論では「ある主張が真であることは，その主張が述べる通りに物事がなっていることに過ぎず，それが真理に関してのほとんどすべてである」（レン 2019：210）と述べられています。

3）哲学的教養における真理

　哲学的教養における真理とは，思い込みや嘘といった覆いを剥ぎ取ることで露わになる，物事そのものの姿のことです。

（2）宗教的教養における真理

1）ギリシア語とヘブライ語における真理

　ギリシア語における真理はアレーティアであり，それは「隠されていないもの」「明らかなもの」「はっきりと見えるもの」を意味します。真理は，非人格的・客体的な存在との一致といった意味を持ちます。これに対してヘブライ語の真理は「堅固である，信頼できる」といった意味を持つアーマァンという動詞の派生語によって表されます。すなわち，アーメーンは「真実な，確実な」，アームナーは「真実であること」を意味し，エメットは「真実」を意味します。

これらの言葉が示すように，ヘブライ人の関心は，客観的な意味での真実ではなく，主体的な確実性，実存的な信頼性でした。そのため，ヘブライ人にとって真理・真実とは，まったく確かなもの，不動のもの，信ずべきものを意味します（ボーマン 2003：317-318）。

2）エメト（真実・真理・実現性）

ヘブライ語（旧約）聖書にエメト（エメス）という言葉があります。これは真実あるいは誠実などと訳されますが，存在論的なギリシア哲学の真理とは違って，「実現性」を宿しています（八木 2018：145-146）。言い換えれば，エメスとは，「神のはたらきが実現することは確実である，信頼できる」と「この私（主体）が確信できること」を表す言葉と理解できます。

3）アウグスティヌスにおける真理

プラトンはイデアを真理の基準と考えましたが，アウグスティヌスは神こそが真理であり，神の光に照らされることにより，真理は認識されると考えました（笠井 1998：65）。「外に行くな，汝自身の内にたち帰れ。内的人間の内に真理は宿る。そして，汝の本性が移ろい易いものであることを見出したなら，汝自身をも超越せよ」（『真の宗教』）という言葉にある通り，神＝真理は，移ろいやすい人間の内側（心）にあると同時に，それは人間を遥かに超越したところにあります。

アウグスティヌスにおいて神は真理そのものですが，その具体的な内容となるものが「創造」と「救済」という「事実」です（松崎 2009：217・219・226）。真理とは，この世界を創造し，かつ，抑圧されている人びとを解放する（救済する）ことで顕在化する状態と理解することができます。

4）宗教的教養における真理

宗教的教養における真理とは，抑圧から人びとを解放することにより顕在化する人間や社会の本来的なあり方のことです。

（3）真理の本質

人間が真理の尺度ではありません。真理は，人間から独立している人間にと

って「他なるもの」です。人間は，それを「公共のもの」として共有することで，共に生きることが可能になります。真理の本質には「他なるもの」「公共のもの」という性質があります。その性質に基づき，共生の基盤となるという点が真理の本質と考えます。

4　真理が見出す人間性

（1）哲学的教養における真理が見出す人間性

1）ヒューマニズム＝人間性

　哲学は，イデア，ヌース（知性），ロゴス（論理，理性）といった形而上学的存在（普遍的なもの）を真理と考え，そうしたものは人間に潜在的に宿っていると考えました。そして，「知性や理性こそが人間を人間たらしめている人間性である」という考えを生み出しました。

　教養の源泉にあるパイデイアとは，そうした真理を身に付ける営みです。古代ローマのキケロは，ギリシア語のパイデイアをラテン語のフマニタスと訳しましたが，これがヒューマニズムの語源となります（川井 2012：153・155）。すなわち，ヒューマニズム＝人間性は，哲学的教養の真理が見出したものであり，それを身に付けることが教養でした。

2）近現代の人間性と排除

　古代ギリシアにおいてヌースやロゴスは，この世界を秩序づける「はたらき」であり，人間にはそうしたものを理解することができる知性，理性が宿っていると考えられていました。近代になると，世界を秩序づけている「はたらき」という形而上学的存在は忘却され，知性と理性は人間の能力と考えられるようになりました。そして，そうした能力が人間性であるという理解を生み出し，知性や理性を持っていない存在は人間ではない，あるいは人間らしくない，という人間理解をもたらしました。

　このことは，現代ではナチスの政策を正当化することにつながっています。「フマニタス（人間性）」をめぐって，ナチズムにとってその中核となる理解を

提供したのが，人種学の権威と見なされていたハンス・F・K・ギュンダーです。彼は『フマニタス』（1937年）という論考において，真正の人間性（フマニタス）は，古代ギリシア・ローマ人から同時代のドイツ人たちまで文化的にも血統的にも受け継がれる「北方人種」こそが具現すると論じています（中畑2021：218-220）。このような排除を生まない「人間性」あるいは「人間のあり方」を，私たちは理解する必要があります。

３）ポスト・ヒューマンにおける人間性

フェミニズム理論家で哲学者であるロージ・ブライドッティは，ヒューマニズム＝人間性（白人，男性，理性など）が排除してきた女性，人種差別された者，植民地化された人たち，地球などの声に応える（応答責任）中で，ポスト・ヒューマン的な主体を探究します（ブライドッティ 2019：61・293）。その原理となるものは「差異化」「マイノリティへの生成変化」であり，それを突き動かす「ゾーエーという生そのもの」の働きと「関係」です（ブライドッティ 2019：84・95・151-152・157）。

ポスト・ヒューマンの主体（人間）は，ゾーエーに突き動かされながら，多数・多様な他者（地球も含む）との関係の中で，多様な他者を肯定する実践を展開していきます（ブライドッティ 2019：79-80・157・211；門林 2019：310）。

（2）宗教的教養における真理が見出す人間性

１）神中心のヒューマニズム

西洋のヒューマニズムは，宗教的・超越的源泉を持っています。このことは，カトリックの哲学者であるジャック・マリタンも指摘しています（マリタン2023：7）。マリタンは，神中心のヒューマニズムという概念を提示しています。それは，神が人間の中心であることを認め，人間には自由があるがゆえに神から離れ悪をすることもある（罪人である）が，そうした悪を赦し（恩寵），神のはたらきを理解し，それに自ら従う自由を持っていると人間を理解します（マリタン 2023：34・191）。

２）宗教的教養の真理が見出した人間性

①　キリスト教

ヒューマニズムは本来，古典的な学芸の研究を通して，人間本性の形成を目指す営みでした。キリスト教的ヒューマニズムにおいて人間本性の形成と完成は，神の恩寵（神が人間に無償で与える恵み）の受容を通して，神の本性に参与することによって実現するものと理解されるようになりました。ここに，信仰，希望，愛といった「神と人間との間において優れていること」（対神徳，神学的徳）という概念が生まれます（稲垣 2000：132；山本 2017：65）。

②　仏　　教

法（ダンマ）は「はたらき・作用そのもの」（丘山 1992：566），「まったく形のない，いのちの中のいのち，いわば純粋生命とでもいう外はない，寿（いのち）そのもの（強調は原文）」（玉城 2021：13）ですが，それは，人間として守らなければならない道筋，理法でもあります。それゆえ，それを守らない人は，形は人間でも「人でなし」と呼ばれます（中村 2009：30）。言い換えれば，法（ダンマ）という「はたらき」を守ることが人間性と理解することができます。

（3）真理が見出す人間性

１）人間の本来的なあり方

真理とは，思い込みや嘘といった「覆うもの」を剝ぎ取る，あるいは，人びとを抑圧している「力」から人びとを解放することにより顕在化する人間や社会の本来のあり方です。では，人間の本来のあり方とはどのようなものでしょうか。

紀元前8世紀から紀元前4世紀にかけて世界の精神文化を見渡してみると，ギリシアではソクラテスやプラトン，アリストテレスや多くのソフィストたちが現れています。ユダヤ（イスラエル）では旧約聖書の中の預言者たち，インドではゴータマ・ブッダを含む思想家たち，また，中国では孔子をはじめとする諸子百家たちが現れています（丘山 2007：15）。

これらの思想家たちは，「自分（人間）」と「永遠なるもの」との関係の中で

それぞれの思索を展開していきました。この「永遠なるもの」というのは，西洋ではイデアや神，インドではブラフマン，法（ダンマ），中国では「天」「タオ（道）」など，様々な言葉で表現されていますが，そのどれもが「永遠なるもの」「超越した存在」を意味しており，それと「自分」の関わりだけが，彼らにとっては最大の関心ごとでした（丘山 2007：14）。この「永遠なるもの」は「超越的なもの」であり，ジャック・マリタンが指摘するように西洋のヒューマニズムの源泉です。

そして，紀元前 1 世紀前後から，それまで根源的な問題としては，「自分」のことだけを考えていた人びとが，自分の周囲にいる他の人びとのことを突然，意識しはじめます。「自分」と「永遠なるもの」との関係という縦軸の視点から，「自分と，この世界にともに存在する誰か」という，いわば横軸へと眼差しが動いたのです。つまり，自分と他者の関係性の大切さに気づいたのです。仏教学者の丘山新はこのことを「他者の発見」と表現しています。この現象は，どこか 1 カ所で起きたわけではなく，世界中のあちこちで，お互いにまったく影響されることなく自然発生的に起こりました。イエスによるキリスト教や中国における道教が現れたのはこの時期です。そして仏教では，大乗仏教という慈悲や利他行（人びとの幸せを願って行う行為）を基本思想として説く教えが現れました（丘山 2007：17）。この「他者」の発見が人間性（ヒューマニズム）のもう 1 つの源泉です。

2）真理が見出した人間性

以上の歴史的事実を踏まえ本書では人間を，「超越的なはたらきとこの私」という縦の関係と，「この私と他ならぬこの人（我と汝）」といった横の関係，この 2 つの関係の中で生き，暮らし，死んでいく存在と捉えます。そして，そうした垂直と水平の関係の中で，他者と共に生きているという人間の本来的なあり方，そこにおける諸特性を人間性と考えます。

3）人間性の内容

意味と価値に彩られた世界を生きている人間は，歴史と自らの経験を通して，この世界の根源には「ヌースとロゴス」や「神」あるいは「法（ダンマ）」とい

う超越的な「はたらき」があることに気づきました。と同時に，紀元前1世紀前後になると，自分と他者の関係性の大切さに気づきました。そして，今日では有限な地球という環境の中にいることを再確認しています。

　このように人間は，超越的な「はたらき」と「人間」という縦の関係と，「私」と「他者」そして「動植物」と「地球」という横の関係，この縦と横の関係の結節点であり，それ（人間）は，それらのネットワークの中で働いている力（超越的なはたらき，他者の願い，自分の思い，動植物の活動，地球のはたらき，など）が実現する「場」です。

　新次元における教養が明らかにする人間性は，「被贈与性（縦の関係）と，他者の痛み・苦しみ（横の関係）の『意味』を理解し，自らに固有な役割（自分が果たすべき価値の実現）に気づき行うことで，他者，死者，動植物，地球と共存していこうとすること」と考えます。

第3章

教養概念の再構築

1　再構築の視点

　人間を真に人間たらしめようとする「はたらき」があると考えられます。そしてそれは，どこか厳かなもの，聖なるもののように思えます。この感覚と直感に基づき，教養概念を再構築する視点として以下の4つを設定します。

① 　原点回帰
② 　すべての人に開かれた教養
③ 　超越的な次元の回復と全体の構造
④ 　宗教的次元への拡大

（1）原点・原型としてのパイデイア

　教養という概念を表すリベラル・アーツやビルドゥングの源泉にはパイデイアがあります。そしてそこには，ソクラテスの営みに感銘を受けたプラトンのパイデイアと，言論を重視したイソクラテスのパイデイアがあります。前者は，ダイモン（神）や善のイデアといった「人間を遥かに超えた超越的なもの」と「人間」という，垂直（縦）の関係の中でパイデイアを理解しました。一方後者は，「私」が言語を媒介として「他者」を説得するという，水平（横）の関係の中でパイデイアを理解しました。

　プラトンは，普遍的なものへと目を向け変えるパイデイアにおいて，数学を重視しました。一方，イソクラテスは他者を説得する言葉を重視しました。後者はリベラル・アーツ（自由学芸・自由七芸）を構成する三学（文法学・弁論学・

修辞学）へ，前者は四科（算術・幾何学・天文学・音楽）へと引き継がれていきます。

（2）すべての人に開かれた教養

1）エリート

①　差　　別

　大正時代，教養主義の中で確立した日本の教養概念は，封建的な支配階級に代わる支配階級の身分文化であり，それは，非支配層との違いを明確にするものとして機能していました（竹内 2012：289；井上 2012：289）。教養はエリートの文化であり，教養人と非教養人という差別を生み出す文化的装置でもありました（筒井 2000：102）。

　エリートという言葉には，「そうでない人間を見下す」といったニュアンスがあります。そこで，エリートと教養の新たな関係を見出すために，エリートという言葉について考えてみます。

②　エリートの語源

　エリート（elite）の元はフランス語の élite ですが，さらに元を辿れば，ラテン語の eligere であり，その意味は「選ばれたもの」です。ヨーロッパの伝統では，「選ばれたもの」を選ぶのは神です。そのため，エリートとは，「神から選ばれたもの」となります。これがヨーロッパにおける理解です（村上 2022：65）。

　村上陽一郎は『エリートと教養』の中で，「神から選ばれる」とは，神は自分のために働いてくれる特別に才能を与えた人に，強く声をかけることである，と述べています。そして，「神から選ばれる」ことを「神から特別の才能を贈られる」と理解しています（村上 2022：64-65・68）。こうした理解に基づき村上は Noblesse oblige（高貴なるものの義務）における義務とは，神と他人のために，我が身の安泰を顧みずに働く義務である，と説明しています。そして「エリートとは，そうでない人々を下に見て，自らの高さを誇る人々ではなく，そうでない人々のために，自分たちの命さえ差し出すだけの覚悟をもって奉仕

する，あるいは奉仕しようとする人々であることは，たしかだと思います」（村上 2022：69）と述べています。

③　エリート概念を捉え直す

エリートの語源に遡り，その意味を「神から選ばれる」とした場合，聖書が示している通り，神から選ばれているのは，イスラエル民族という最も小さくされている（抑圧されている）人たちです。この事実に基づけば，エリートは，それぞれの時代で最も抑圧されている人たち，その可能性を十分に発揮することができないでいる人たちとなります。能力主義が基盤となっている現代の資本主義社会では，最重度の知的障がいがある人たちは最も抑圧されている人たちであり，語源に遡って考えるならば，彼ら彼女らこそエリート（神から選ばれた者）といえます。

２）自 由 人

①　差　　　別

前述したように，リベラル・アーツ教育の淵源にあるエンキュクリオス・パイデイアは，自由人たる市民が修得すべき学芸であり，ここでは，農耕術などの実学を「奴隷の学」と呼び低く位置づけていました。

アメリカの大学にはリベラル・エデュケーションという言葉がありました。それは主に，古典語による伝統的でリベラルな学芸を中心とする共通必修科目からなる学士課程を意味しており，ここにおける「リベラル」とは，特定の職業（準備）や直接的な実用性・有用性に直結しないもの，という意味でした。リベラル・エデュケーションの元にあるリベラル・アーツは，奴隷社会を前提とし，奴隷は専門的な仕事に従事し，自由人はリベラル・アーツを学びました（松浦 2015：90・93）。

リベラル・アーツは自由人という一部の人たちのものであり，ここには奴隷に対する差別があります。

②　ジェネラル・エデュケーション

アメリカの大学における伝統的なリベラル・エデュケーションに対して，1945年にハーバード大学が出した報告書『自由社会における一般教育』では，

ジェネラル・エデュケーションという新たな概念が提示されました。それは，第二次世界大戦後の「自由社会」を構成するすべての市民にふさわしい教育といったものです。ジェネラル・エデュケーションは，リベラル・アーツ（貴族などの一部の人が自由になる学芸）の流れをくむリベラル・エデュケーションの「無知や偏見から自らを解放（自由に）するような知的認識や批判的思考，広い視野と柔軟な発想や創造的な行動力をもって社会で生きいくことができる基盤」という点を継承しながらも，それをすべての国民が享受できる教育といった意味を持っています（松浦 2015：92-96）。

3）すべての人に開かれた教養概念

　教養にしてもリベラル・アーツにしても，これらは社会の一部の上層の人たちが修得すべきもの，といった意味がありました。これに対してジェネラル・エデュケーションは，教養を，社会を構成するすべての人に開きました。それでもまだ，知的認識や批判的思考といった知的機能に基づき教養概念を捉えています。

　知的機能という観点で捉えた場合，知的障がいの程度が重ければ重いほど，教養から遠ざかっていきます。しかし，パイデイアやビルドゥングのように，人間としての潜在的可能性を顕在化させることが教養と捉えるならば，最重度の知的障がいがある人に対しても「あの人は教養がある」という捉え方が可能となり，むしろ，最重度の知的障がいがあるがゆえに修得している教養があるかもしれません。

（3）超越的な次元の回復と全体の構造

　ここまでの考察を踏まえると，パイデイアを原型とする教養概念の構造を図3-1のように示すことができます。

　原点にはソクラテスがいます。ソクラテスはダイモンという神に従い知恵を求めました。このソクラテスの営みの中に，人間が求めるべき知のあり方を「哲学」として確立したのがプラトンです。プラトンにおいて哲学は，善のイデアへと魂を向け変える営み（パイデイア）でした。そこでは，後にリベラ

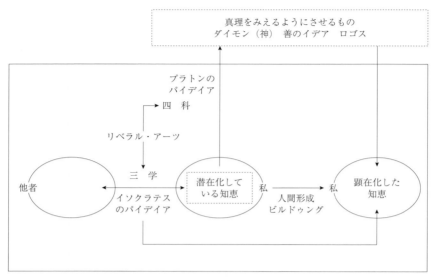

図 3-1　教養概念の原型

出所：筆者作成。

ル・アーツの四科となるような数学的学問と，リベラル・アーツの三学のような言語を用いた哲学的対話により，魂の向け変え（ペリアゴーゲー）がなされます。そして，善のイデアという視点から理解された真理が知恵でした。その知恵の一つが不知です。

　ソクラテスを尊敬しつつ，プラトンとは違った形でパイデイアを確立したのがイソクラテスです。イソクラテスは，後にリベラル・アーツの三学となる弁論・修辞術を通して言語能力を開花させようとしました。そして，思慮と呼ばれる善悪に関する知の修得を目指しました。ここにパイデイアのもう1つの原型が生まれ，それもまたリベラル・アーツの源泉ともなります。

　こうしたパイデイアは，ヘレニズム期になると「人間を真に人間にする教育」といった意味を持つようになります。これは後のビルドゥングの源泉と考えることができます。以上がパイデイアを原型とする教養概念の構造です。

（4）哲学的教養から宗教的教養への拡大

1）哲学と宗教

　哲学は，世界における真理（ヌースやロゴスのはたらきといった客観的知性・理性）を，人間に与えられている知性・理性（主観的知性・理性）に基づき理解しようとします。そのため，知性・理性能力が十分でない人は，哲学的教養という営みに参加することは困難と考えられがちです。

　これに対して，宗教は知性・理性能力の有無にかかわらず，すべての人に開かれています。もちろん，宗教は自らの信仰を絶対視する傾向があるため，互いに排他的になりがちです。それでも，排他的ではない宗教の普遍性に着目して，教養概念を拡大していきたいと思います。

2）宗教的教養

　キリスト教においては「真のパイデイアとは，神によるパイデイア（教育）」といった理解が生まれ展開していきました。図3-1の「真理をみえるようにさせるもの」のところが「神のはたらき」となることで，キリスト教におけるパイデイアが生まれます。同様に，そこに「法（ダンマ）」が入れば仏教におけるパイデイア（教養）という，いまだ耳にしない概念も可能になります。

　古代ギリシアが生み出したパイデイアを哲学的教養と捉えるならば，キリスト教や仏教におけるパイデイアを宗教的教養と捉えることができます。

　「神のはたらき」や「法（ダンマ）」など宗教が見出したものは，世俗のはたらきとは質的に異なる崇高さ・厳かさといった「高さ」を感じるものであり，それは聖なる「はたらき」といえるものです。

3）教養を理解する上での前提となる世界観

　この世界には，科学によって解明される物質的世界，哲学によって明らかにする形而上学的世界，そして宗教によって気づかされる聖なる世界があります。物理的世界には物理法則がありますが，形而上学的世界には「ヌースとロゴスのはたらき」があり，聖なる世界には「神や法（ダンマ）のはたらき」があります。

　物理法則は科学を尺度とした真理であり，知恵は「ヌースとロゴスのはた

き」や「神や法（ダンマ）のはたらき」といった超越的な「はたらき」を尺度とした真理です。いずれも人間を尺度とした真理ではありません。

　私たちが生きている世界には，これらの「はたらき」が生み出している関係の網があり，私たち一人ひとりは，その網の結節点（あるいは場）です。

2　教養概念の再構築

（1）教養の構成要素

　プラトンのパイデイアは，「思い込み，囚われ」から「普遍的なもの」へ精神・心を「向け変え」，それによって見出される真理が知恵と呼ばれるものです。普遍的なものへ精神・心を向け変える「教育」と，それにより得られる「知恵」が教養概念の軸となります。ここにおける知恵は共生の基盤となるものであり，それゆえ知恵は，立ち居振る舞いや生き方の中に見出されます。

（2）教養の定義

　教養には教育的側面と知恵の側面があります。それを踏まえると教養概念を次のように再構築することができます。

　　　教養とは，「ヌースとロゴスのはたらき」や「神や法（ダンマ）のはたらき」を，人間という「場」において顕在化させていく営みである。具体的にいえば，他者や古典といわれる作品との対話，あるいは呼びかけと応答（責任）の中で考えながら（教育的側面），知恵を修得，あるいは社会に提示していき（知恵の側面），そうすることで本来的な人間性を実現する営みである。

　このように，普遍的なもの（真理）との関わりを通して，他ならぬこの私を形成していくものが教養です。この教養には，「ヌースとロゴスのはたらき」に基づく哲学的教養と，「神や法（ダンマ）のはたらき」に基づく宗教的教養が

あります。

（3）最重度の知的障がいがある人が示す教養

1）最重度の知的障がいがある人と教養

　教養における教育的側面の営みにより，知恵が修得されますが，その知恵は，修得した人の中に閉じた状態であるのではなく，他者との間にあるものです。

　例えば，ある人が知恵の一つである尊厳を理解している，とします。どうすればそれを確認することができるでしょうか。一つの例が，その人が，最重度の知的障がいがある人や，認知症がだいぶ進んでいる人に対しても，心底，尊厳があると感じ理解していることでしょう。一方，最重度の知的障がいがある人は，尊厳という言葉の意味を理解することはできません。しかし，自分の存在を通して，尊厳が何であるのかを，人びとに確認させることができます。

　教養における知恵を持っているということは，「理解する」という形と「確認させる」という形があります。そして，教養における知恵とは，「理解しようとする人」と「確認をさせる人」との間で成立するものです。このように考えるならば，最重度の知的障がいがある人も，「確認させる」という形で知恵を有していると考えることができます。

2）すべての人に開かれた教養

　知的能力を中心とした資本主義経済が基盤となっている社会では，重度の知的障がいがある人たちは最も小さくされている人たちと言えます。キリスト教では，神はそれぞれの社会の中でその潜在的可能性を最も抑圧されている人たち（小さくされている人たち）を通して働いている，と考えます。それゆえ，最重度の知的障がいがある人たちは，最も「神のはたらき」が及んでいると理解することができます。具体的には，最重度の知的障がいがある人たちは，その存在を通して，周りの人間に，そして社会に，「知的能力が社会の軸なのですか」「共に生きる上で大切なことは何ですか」「人間って何ですか」と，声なき声として訴えています。

　戦後の社会福祉の思想に多大な影響を与えた糸賀一雄は，この声を「光」と

表現しました。この文章を書いている筆者は，その声に促され福祉哲学という営みを始めました。

　最重度の知的障がいがある人たちは，声なき声を発することを通して，その呼びかけと応答（責任）の中で，知恵を社会に提示する可能性を秘めています。この可能性を顕在化させることで自己を形成させようとしています。そして，「確認させる」という形で知恵を有しています。これが最重度の知的障がいがある人たちが示す教養です。

3　再構築された教養概念の構造

（1）普遍的なものへの向け変え

1）真理・本来的なものの忘却

　前章と本章における考察をまとめると，再構築された教養概念の構造を図3-2として提示することができます。長方形で囲まれている空間は私たちが生きている世界です。その中には，様々な思い込みに囚われている私がいます。その世界を遥かに超越したところに，深いところでは「ヌースとロゴスのはたらき」が，高いところには「聖なるはたらき（神のはたらき，法〔ダンマ〕など）が作動しています。それらは私の中に潜在的に宿っています。それを宗教哲学者である滝沢克己（滝沢 1964：79-87）の言葉を引用し第一次接触と表現したいと思います。

　私たち一人ひとりは，その人の死とともに消滅する世界を生きています。他者も同様に世界そのもののはずですが，私に認知・理解される他者は，私の世界の登場人物に格下げされてしまっています。ここでは哲学者のマルティン・ブーバーが言うような「我と汝」という横軸の関係は失われ，他者との関係は「我とそれ」となってしまっています。また，近代以降，「ヌースとロゴスのはたらき」や「聖なるはたらき」といった普遍的なものを理解する霊性や知性は衰退し，それらとの関係（縦の関係）も見失われています。

　「我と汝」という横軸は，かけがえのない心ある他者との関係であり，縦軸

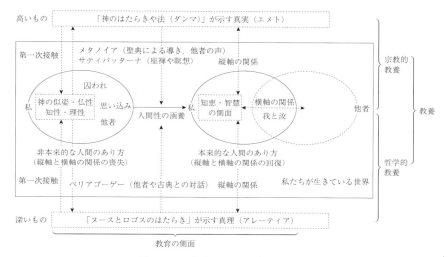

図 3 - 2　再構築された教養概念の構造

出所：筆者作成。

は倫理・道徳の源泉です。これらを失うと非本来的なあり方が現れます。それは様々な欲望（際限のない物質的欲望，過度な権力欲）に囚われた状態です。過度な欲望に囚われた人間は，傲慢であり，人を支配・抑圧あるいは排除し，また道具のように使おうとします。さらに，一方では他者へ無関心があり，もう一方では暴力をふるい，虐待をし，人と人との間での対立・争いが戦争にまで発展する場合があります。

2）普遍的なものへの向け変えとそのために必要なこと

　思い込みや様々な欲望による囚われている私から，精神・心を，「神のはたらきや法（ダンマ）」や「ヌースとロゴスのはたらきへ」と向け変えることが教養における学びの始まりです。古代ギリシア哲学，キリスト教，仏教を見ると，普遍的なものへの向け変えには，ペリアゴーゲー，メタノイア，サティパッターナという 3 つがあることがわかります。

　①　ペリアゴーゲー

　ペリアゴーゲーは，私たちの心を，様々な思い込みや囚われから，真理へと

「向け変える」ことです。プラトンはこうした向け変えを教育・教養と捉え，それこそが哲学であると考えました。ここで目指すべきものは，善のイデア，あるいはヌース，ロゴスといわれます。それは，目には見えない普遍的なものであり，この世界における様々なものの批判の根拠になるものです。人間はそれを完全に理解することはできませんが，数学の学び，他者との対話（哲学的対話），古典との対話を通して，それらについての理解を深めていくことはできます。

　②　メタノイア

　私たち一人ひとりに世界が立ち現れています。私は世界の原点であるがゆえに，半ば必然的に自己中心的になります。メタノイアは，そうした自己中心的な視点から，虐げられたり蔑まれたりしている人の視点に心を「向け変える」ことです。虐げられたり蔑まれたりしている人の視点に立った時に，あるいは聖典の導き（啓示）により，「神のはたらき（神の言葉・意志）」を理解する可能性が開かれます。

　③　サティパッターナ

　私たちは外界に関心を向け，日々の出来事の中でいろいろと思い煩います。サティパッターナは，そうした関心を内側，自分の心身の状態に「向け変える」ことです。座禅や瞑想はこうした「向け変え」のために行います。それにより自我が弱まる度合いに比例して法（ダンマ）が現れます。自我が弱まり無我の状態になった時，「空」と呼ばれる状態になり，そこに最も顕著に法（ダンマ）が現れます。

（2）人間性の涵養

1）哲学的教養による人間性の涵養

　数学，他者や古典との対話を通して，「ヌースとロゴスのはたらき」が示す真理（アレーティア）に触れます。そして，その真理により思い込みや囚われが剝がされ，物事の本来のあり方や人間の人間らしさ（人間性）が露わになります。それは人間の「他なるもの」である真理を基盤に，他者と共に生きている状態です。こうして「ヌースとロゴスのはたらき」という縦の関係と，他者

という水平の関係が回復されます。

２）宗教的教養による人間性の涵養

聖典による導き，あるいは他者の声により「神のはたらき」や法（ダンマ）が示す真実（エメト）に触れます。そして，その真実により抑圧から解放されることで，物事の本来のあり方や人間の人間らしさ（人間性）が露わになります。それは，人間の「他なるもの」である真実を基盤に，他者と共に生きている状態です。こうして「神のはたらき」や法（ダンマ）という縦の関係と，他者という水平の関係が回復されます。

（3）知　　恵

１）哲学的教養が見出す知恵

ソクラテスは，本当に大切なものを完全に理解している存在があるとすればそれは神であり，人間は神ではないため，不知という知のあり方が大切であることを理解しました。これらは哲学的教養が見出した知恵の一例です。

２）宗教的教養が見出す知恵

宗教的教養は，世俗とは異なる聖なる世界へと思考を切り拓きました。そして，この世界を秩序づける「神のはたらき」や「法（ダンマ）」があり，そうしたものが神の似姿（尊厳），あるいは仏性として人間に宿っていることを見出しました。そしてそこから，愛や慈悲という価値を理解しました。また，『聖書』に示されているように，謙遜・謙虚の重要性を理解しました。これらは宗教的教養が見出した知恵の一例です。

4　教養がある人の具体的な姿

（1）あ り 方

私たちは，聖なる「はたらき」や「ヌースとロゴスのはたらき」といった縦の関係と，他者といった横の関係の中に存在しています。縦の関係は，第 7 章で説明する通り，普遍性 – 単独性という軸をもたらしますので，私たち人間は，

普遍的なものとの関係によって生じる，他ならぬこの私というあり方をしています。そして，この私と他ならぬこの人といった「我‐汝」という関係の中で生きています。また人間は，縦と横の関係の網の結節点（場）であり，その関係の中に愛・慈悲や恩恵という力が働いています。

こうした世界の中で，超越的な「はたらき」や他者との相互作用を通して，自らが宿している潜在的可能性を顕在化させようとしている人が，教養がある人のあり方です。これは，最重度といわれる障がいがある人たちにおいても十分に可能なものです。

（2）理解と確認

1）理　解

教養がある人は，自分は人間であるがゆえに，聖なる「はたらき」や「ヌースとロゴスのはたらき」（神と表現されるもの）と同じように世界や人間を理解できないこと，すなわち，大切な事柄については完全に理解できないことを自覚しています。その上で，聖なる「はたらき」や「ヌースとロゴスのはたらき」が生み出す知恵・叡智の理解に基づき世界や人間を了解します。具体的には次のようなものです。

①　必然性と秩序

偶然性が支配するこの世界の中に必然性を見出し，混沌とした中に秩序を見出します。

②　相　対　化

自分の物の見方を絶対視せず，超越的な「はたらき」から物事を見たり考えたりすることができます。

③　大切なもの

人間の尊厳，超越的な「はたらき」，愛や正義など，本当に大切なことを，頭だけでなく生きることを通して実感しています。

2）確　認

教養がある人は，その存在を通して，尊厳，愛，人を軽んじないといった知

恵を人びとが有しているか否かを確認します。たとえば，最重度の知的障がいがある人は，愛という知恵を理解している人が，本当に，一人ひとりを大切にしているかを，身をもって示します。

（3）言　　動
１）理　　解
　知恵を理解している人は，次のような，他者と共に生きるために必要な立ち振る舞いをします。
　①　他者に対する敬意
　自尊感情そして他者に対する敬意を持っています。
　②　謙　虚　さ
　自分に認識が不十分であり誤りうることを理解しているがゆえに，人の話に耳を傾けます。
　③　コントロール
　人間であるがゆえに，様々な欲望があります。それを超越的な「はたらき」や知恵に基づきコントロールします。
　④　支え合い・協働
　愛や慈悲という知恵を身に付けているがゆえに，支え合いの行動，立ち振る舞いをします。また，論理と慈悲を身に付けているがゆえに，相手のことを思いやりながらも論理に基づき，他者と協働して物事を進めます。
２）確　　認
　知恵を「確認」という形で有している人の多くは言葉を持っておらず，また支援を必要とします。「言葉がない」ということは，言葉の有無が人間であることの条件ではないことを露わにします。また，支援が必要な状態も，人間には生まれてから亡くなるまでの間，ずっと支援が必要な人もいることを示します。これらは，普遍的な人間の条件を問うことで，他者と共に生きるために何が必要であるのかを考えさせます。

1　哲学的教養としてのパイデイア

（1）パルメニデス

1）教養の源流

　筆者は，教養の源流には哲学者のパルメニデスがいるのではないか，と考えます。その理由は，①生成流転する物事の背後にある普遍的な真理を探究したこと，②そこには，上り坂（探究）→頂点（真理体験）→下り坂（実践）があること，③プラトンは，こうしたパルメニデスの最大の後継者と呼ばれていること，です。

2）序詩（往相・上り坂）

　パルメニデスは後に『自然について』という表題が付された叙事詩を書き残します。序詩では，ホメロスやヘシオドスの叙事詩の伝統から多くを取り入れながら，まったく独自の真理体験が歌われます。ここでは，パルメニデスは太陽の乙女が手綱を取る馬に乗り，昼（光）の道を進みます。そして，無知な人たちが住む地上の思い込みに覆われた夜の世界から，天空の彼方の光の国（女神の館）へ連れられて行きます。そして光の国の女神から，在ること（存在：エイナイ）のアレーティア（真理・真実）を口伝され，覚者になります。しかし，光の国は最終目的ではなく中継地点です（山本 1998-b：1291；古東 2005-a：113；三浦 2011：245）。

3）第一部「真理への道」（往相・上り坂そして頂点）

　ここでは，自らのロゴス（言葉・論理・理）によって，思い込みをしっかりと吟味して判別していく，といった真理へと至る道が示されます（納富 2011：

48・61）。探究に当たり6つの道標（「ある」を指し示す徴・サイン）が挙げられます。それは，不生，不滅，独り子（唯一），不変（全体），不動（不揺），均質一様（完全無欠）です。その後に，パルメニデスの真理体験が次のように語られます（納富 2011：63）。

　　　「それはかつてあったのでも，いつかあろう，でもない。なぜなら『ある』は，いま，ここに一挙に，全体が，一つの，融合凝結体としてあるわけだから。」（断片 8.5-6）

　こうした体験が，真理の理解を可能にする「普遍性−単独性を軸」にした世界を切り拓くことは第7章で説明します。

4）第二部「思い込みの道」（還相・下り坂）

　私たちは，真理に触れることができても，そこに留まることはできず，思い込み・囚われに覆われた世界で生きるしかありません。それは，再び，この世界への帰還を意味します。しかし，真理に触れた者の目には世界はこれまでと違ったものに映ります。ここでは，自分が真理だと思っていることが「思い込み」に過ぎないことが自覚されます（納富 2011：73）。

　ソクラテス（プラトン）はパルメニデスのことを「畏敬すべく，また畏怖すべき人」（プラトン 1966：139）と認めていますが，ソクラテスが見出した「不知」は，「自分が真理だと思っていることが『思い込み』に過ぎないことの自覚」の継承のように思われます。

（2）哲学的教養としてのパイデイア

1）パイデイアを理解するための基礎知識

①　イ　デ　ア

　目の前に色々な大きさの円があるとします。それを円として理解を可能にしているもの，円を円たらしめている本質のことをイデアといいます（小坂 2017：49）。イデアは物事の本質であり，その根拠となるものです。プラトンは，

永遠普遍なものの世界（知性界）が実在すると考え，その世界におけるイデア
が真に実在するものであり，私たちが感覚によって理解している移り変わる世
界は，知性界に比べれば真理に欠けた世界，真の世界の似姿であると考えてい
ました（エルラー 2015：236-241；小坂 2017：49）。

　②　善のイデア

　イデアの中に善のイデアと呼ばれるものがあります。それには次の2つの意
味があります。1つは，「この世界の姿を見えるようにさせるもの」です。こ
れは『国家』における洞窟の比喩で語られる太陽の光です。私たちは太陽の光
によって，真の世界を理解することができます。これは善のイデアと呼ぶべき
ものです（プラトン 2002：83；エルラー 2015：272-273；小坂 2017：57-59）。哲学
者の古東哲明は「イデアとは，〈死者の眼〉が見ている地上の風景」と述べて
います（古東 2005-a：228；2005-b：194）。それは，死に逝く者の眼が，最期に
見ている光景であり，生者として見なれた同じこの世界が，まるで異なる景色
に見える，そうしたことをもたらす視点です（古東 2005-a：227-228）。

　もう1つは，「私たちの生き方を導く実践的な意義を担う理念」です（納富
2012：245）。私たちが正義に適った生き方をしたり，正義に適った社会を作っ
たりするためには，それを導く理念（目指すべき状態）が必要です。善のイデア
はその理念となるものです（納富 2012：250）。

　善のイデアについてプラトンは次のように述べています。

　　「それは，ほかの学問のようには，言葉では語り得ないものであって，
　　むしろ，〔教える者と学ぶ者とが〕生活を共にしながら，その問題の事情
　　を直接に取り上げて，数多くの話し合いを重ねてゆくうちに，そこから，
　　突如として，いわば飛び火によって点ぜられた燈火のように，〔学ぶ者の〕
　　魂の内に生じ，以後は，生じたそれ自身がそれ自体を養い育ててゆく，と
　　いう性質のものなのです。」（強調は原文）（プラトン 1975：147-148）

　私たちが暮らしている移ろう世界の遥か彼方にある普遍的で確実なもの，そ

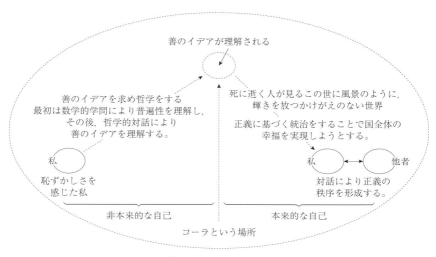

図4-1　哲学的教養としてのパイデイアの構造

出所：筆者作成。

して，私たちの生き方を導き，己自身を養うもの，それが善のイデアです。

③　コーラ（場所）

東洋における無と類似の概念にプラトンが言うコーラ（場所）があります（小坂 2017：v）。コーラがイデア（形相，本質）を受容することによって，私たちが暮らしている世界の個物が生成します（小坂 2017：51）。コーラは，静止した空虚な空間のようなものではなく，どこまでも活動的な創造空間と考えられるものです（小坂 2017：75）。

2）プラトンにおけるパイデイア

プラトンのパイデイアは哲学的教養の原型となるものです。その構造は，図4-1となります。

図の左側下に，金銭欲や権力という欲望にまみれている自分に対して違和感を覚えている「私」がいます。そこでソクラテスが言います。

　　「恥ずかしくないのですか。金銭，評判，名誉ばかり気にかけ，その一

方で，真理や魂（心，精神）が善くなることには配慮しない生き方をして。」（プラトン 2012：62）

　この言葉を聞いて，恥ずかしさを感じ，人間にとって大切なことに関する知恵（ソフィア）を求めます。それは，哲学的教養を修得しようとしている私です。その私は，善のイデアという真の認識を可能にする普遍的なものへと魂を向け変える（ペリアゴーゲー）ため，まずは，普遍的なものを対象とする数学的学問を学びます。そこで対称性（平等・公平の数学的基礎）を理解し，そこから正義といった規範を理解する基盤が養われます。しかし，数学だけでは，人間にとって大切なものを理解することはできません。そのため，哲学的対話を積み重ねていきます。ここまでが上向の学びです。

　上向の学びにより，コーラという場所（私たちが生きている現実を生み出す潜在的可能性）が，善のイデアという形相・本質に限定されることによって，真なる世界の認識や正義といった実践的理念の理解が可能となります。ここにおける真なる世界とは，輝きを放つかけがえのない世界です。また正義とは，ヌース（知性）とロゴス（理性）によってもたらされる価値規範です。善のイデアの理解がパイデイアの頂点です。

　善のイデアを理解し，真なる認識ができるようになった者は，相対的世界のイデア化に努める神聖な義務に目覚めます（井筒 2019：74）。また，「不知」や「正義」といった人間にとって大切な知恵を理解します。

　そうした知恵を得た者は再び生成流転する世界へと降りて行き，そこで正義に基づく統治をすることにより，国全体の幸福を実現することが求められています（プラトン 2002：107-111）。ここでは，様々な思い込みに囚われている人たちと同じ苦労と栄誉を分かち合いながら，地上に理想国家を建設するために生涯を捧げます（井筒 2019：93-94）。具体的には，正義を統治の理念としつつも，人びとと対話によってその理念を実現していこうとします（納富 2012：250・254）。これらが下向の実践です。

　上向の学びと下向の実践からなるプラトンのパイデイア（哲学）は，哲学的

教養の教育の側面と，その中で見出される「不知」や「正義」といった哲学的教養の知恵の側面をもった，哲学的教養の原型となるものです。

2　仏教（禅）における宗教的教養——『十牛図』を例に

（1）禅の悟りに至るプロセスとしての『十牛図』

1）『十牛図』について

『十牛図』（資料4‑1）は，北宋の末頃（12世紀，現在の中国において），廓庵師遠禅師によってつくられたものです。人間が持っている仏性が，中国でもっとも身近な動物である牛に喩えられています。そして，仏性を求める修行過程が，牧童（仏を求める自分）が牛（仏＝真の自己）を飼いならすのになぞらえ，十枚の絵，コメント（小序，頌），詩で表現されています（『十牛図　禅の悟りにいたる十のプロセス』編集部 1982：はじめに）。

『十牛図』は『信心銘』『証道歌』『坐禅儀』とともに，『禅宗四部録』と呼ばれ，禅についての平易な入門書として親しまれてきました（『十牛図　禅の悟りにいたる十のプロセス』編集部 1982：はじめに）。

2）自己を習う（第1〜7）

①　第1

第1は尋牛です。ここは，何か自分にとって大切なものが無い，欠けている，と感じている状態です。図に牛が現れていないことが示すように，それが真の自己であるかは，まだわかっていません。それでも，欠けている何かを求める決心をした状態です（上田・八木 2010：91）。

②　第2〜5

第2は見跡です。これは，経典を学び，提唱を聞いて法理的に自分の歩むべき方向の検討がついたところを表しています。経典と祖師の語録は，真の自己が残した足跡です。

第3は，真の自己を表す牛が初めて図の中に，その姿の一部を現します。ここから，それまで経典等によって得られた真理（法）が「行」を通して身体化

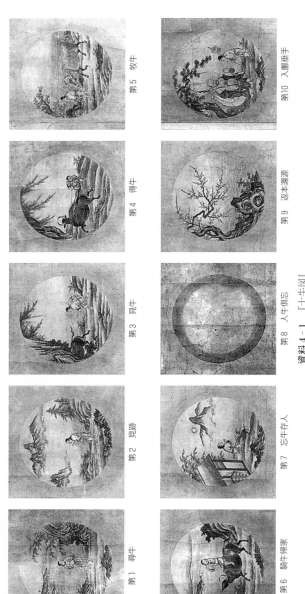

第5　牧牛

第10　入鄽垂手

第4　得牛

第9　返本還源

第3　見牛

第8　人牛倶忘

第2　見跡

第7　忘牛存人

第1　尋牛

第6　騎牛帰家

資料4-1　『十牛図』

出所：金山（2022：1-5）。

され，自己化される途（悟り）が開かれます（金山 2022：8；山田 1982：65）。

　第 4 は得牛です。ここで牛の全身が現れます。真の自己（仏）と今の自分の統一が始まります（金山 2022：9）。牛（真の自分）を見つけただけではなく，それをしっかりと我がものにしなければならない状態を表しています（山田 1982：79）。

　第 5 は牧牛です。ここでは牛と自分の関係が統一に向かい，二者の関係が徐々に自然になりつつある状態を表しています（金山 2022：9）。

　③　第 6 ～ 7

　第 6 は騎牛帰家です。ここでは，牛（真の自己）と牧童（求める自己）がすでに一体化し，そこには自然さもあります（金山 2022：9）。しかしながら，悟ったという驕りがあり，悟りに縛られている状態を表しています（山田 1982：125）。

　第 7 は忘牛存人です。ここでは牛（真の自己）と牧童（求める自己）が完全に一体化しているがゆえに，牛自体が図から消えています。そもそも表象されるようなものは真の自己とはいえるものではないのです（金山 2022：10）。第 7 の状態は，悟りを得たと思い込み，それで満足している。これは，最初の迷い囚われている自己へと転落していく始まりの可能性を秘めています（金山 2022：12）。

　3 ）自己を忘れる

　①　第 8

　第 8 は人牛倶忘です。ここは，悟りもなければ，悟られた法（ダンマ）もない，悟った人もいないところです。仏性丸出しといえる状態です。それを表すとするならば第 8 のように，ただ円がある，となります（山田 1982：139）。この境地に至るには，「仏に逢えば仏を殺し，祖師に逢えば祖師を殺すという勢い」（西村 1994：26）と『無門関』にあるように，仏や祖をも己を縛りつけてくる虚像として断固拒絶し，それまでの自己を絶対無へと開いていかなければなりません（金山 2022：15）。

② 絶対無の場

第7では，牛（真の自己）と牧童（求める自己）が完全に一体化している「一」ですが，第8は「無」となります（上田 1992：57）。この間には決定的な非連続な飛躍があります（上田 1992：49）。第1から第7までの自己が，この第8が示す絶対無によって一挙に空滅し，絶対無が絶対の始原となります（上田 1992：62）。そうすると，『十牛図』の全体が，この絶対無の円相の中で展開していたに過ぎないことに気づきます（金山 2022：17）。すなわち，空円相という絶対無が全自己の究極の場なのです（上田 1992：75）。ここから道元がいう「万法に証せられる」こと，言い換えれば，世界が万法に照らされることになります（金山 2022：15）。

4）万法に証せられる

① 第9

第9は返本還源（へんぽんげんげん）です。すなわち，「本に返り，源に還る」であり，描かれているのは，川の流れとその岸辺に花咲く木，それだけです。「水は自ら茫茫，花は自ら紅」とあるように，水が自ら波の激しさを示し，花は自ら紅色を示しています。それが真の自然の姿であることを現しています（上田 1992：61）。と同時に，花は水に，水は石に，石は鳥に容易に変化しうる自在さをもって，しかし，やはり花は花であり，鳥は鳥である，そんな世界です。

第9は，山は緑に，水は流れるといった自然が自らの法則に則り自らを示す（自然法爾（しぜんほうに））の世界，天然をそのまま肯定した，あるがままの世界を表しています（山田 1982：167）。

② 第10

第10は入鄽垂手（にってんすいしゅ）です。鄽は町のことです。町に入って手を垂れて衆生九度をするということです（山田 1982：166）。この図の最も重要な点は，出会う2人の人間，2人の「間」です。ここで初めて真の人間が現れます。つまり，これまでの自己が「真の自己」を求めるという閉じられた関心から離脱し，第9で本来の自然と一体化したのと同様，本当の他者との出会いに参入します。ここにおいて初めて自己は人間になり，その「間」という縁起的真理（空）が実相

としての光彩を放ちます（金山 2022：25）。

　人間の元々（真の自己）は涅槃に腰を落ち着けることなく，町に出て他者と交わります。その人には他者救済といった気負いは微塵もなく，しかもその人の相貌も聖者のそれとは似ても似つかないものです。それにもかかわらず，町の人びとを変え，それぞれ自分自身になる道を歩むようになります（金山 2022：25-26）。これが『十牛図』によって示された悟りの世界です。

（２）無　と　空

　『十牛図』において悟りは第8で示され，それは絶対無と表現されています。これと類似の概念に空があります。この2つの概念について簡単に説明します。

1）無

　仏教はインドで生まれました。そこにおいても「無常」や「無我」という言葉が示す通り，「無」は仏教において重要な概念でした。しかし，「無」が仏教の核心を示すものとして用いられるようになったのは仏教が中国に入ってからです（伊吹 1998：1561）。

　中国において，仏教の中でも般若思想が広まっていきます。その中心には「空」がありますが，それを道家思想における「無」によって理解しようとする傾向がありました。しかし「空」は，道家思想のように有と対立する無ではなく，それらを止揚した高次のものであるとされました（伊吹 1998：1561）。

2）空

　「空」のサンスクリット語の「シューニヤ」は，「中味のからっぽのもの」さらには「中味を入れていた容器もない」といったことを意味します（立川 2003：5）。仏教が生まれたインドでは，ものは無常なものであり，移ろいやすいものだから執着するな，というメッセージを伝えるものでした（立川 2003：326）。仏教もそうしたメッセージを含みますが，150〜250年頃にインドに竜樹という人が現れます。彼は，縁起と空という別の思想を結びつけ（立川 2003：108），「空」の思想を哲学的に基礎づけました。その功績は後世の仏教思想全般に決定的影響を与えています。

　空の思想は，まず，俗なる煩悩などを否定します。この否定は長い時間を要します。否定の中で，俗なる世界の中に縁起が聖なるものとして立ち現れます（立川 2003：109-110・113）。「空」とは，宗教的実践における自己否定を続行させる原動力として常に働いているものであり（立川 2003：331），その否定作業を通して聖なるもの，真なるものの世界を顕現させる力なのです（立川 2003：5-6・327）。

（3）宗教的教養としての『十牛図』

1）『十牛図』と上求菩提・下化衆生

①　禅における修行過程

　禅者が辿る修行過程は，見性体験（悟りの体験）を頂上として左右に拡がる山の形に形象化されます。この三角形の底辺は経験世界（いわゆる娑婆），頂上に向かう左側の線は向上道，いわゆる上求菩提といわれ，まだ悟っていない状態です。それに対して右の頂上から経験世界に下りてくる線は向下道，いわゆる下化衆生と呼ばれ，悟っている境地です（金山 2022：11）。

②　上求菩提・下化衆生

　これは，菩薩が上に向かっては菩提（真理と智慧とが一体となっている悟り）を求め（自利），下に向かっては衆生（生きとし生けるもの）を教化する（利他）ことをいいます。すなわち自利（智慧門）・利他（慈悲門）の菩薩行を要約した言葉です（伊藤 1986：850）。

　『十牛図』は，上求菩提，下化衆生を表しています。第1〜7は，人が悟りという智慧（真理）を求める過程ですが，それは自分のためといえます。これに対して第8において悟りを得た人は，第10に示されている通り，慈悲という利他の行為を自然と行います。

2）宗教的教養としての『十牛図』

　『十牛図』は宗教的教養を端的に示しています。その構造は，図4-2となります。

　図の左下側に，「何か大切なものが欠けている」と思い，それを求めようと

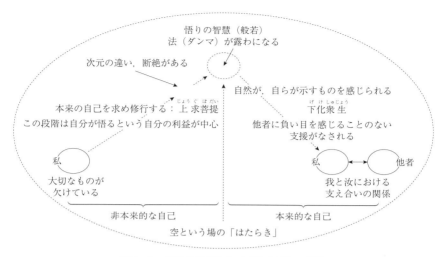

図4-2 宗教的教養として『十牛図』の構造

出所：筆者作成。

する私がいます。それは，これから宗教的教養を修得していこうと決意した私です。第2～7は，悟りの智慧（般若）によって目覚める真の自己に至る向上道であり，これは上求菩提といわれます。この段階は，真の自己に目覚めるための智慧（般若）を求めており，「智慧」に重きがおかれています。また，それは自分の利益であるため「自利」の段階です。

第7から第8の間には断絶があります。そのため，第7から第8，すなわち，悟りの智慧を得るためには飛躍とでもいうべき心の変化・深化が必要となります。第8で絶対無となった時，そこは「空」と表現される状態となり，法（ダンマ）が露わになります。

法（ダンマ）が露わになった状態，すなわち，悟った状態となった後は，私と自然，私と他者は自他不二の状態となります。そのため，おのずと，自然や他者の下に還ることになります。そこでは，第9が示したように，自然は，自然が有する理法に則った形で自らを示し，私はそれを認識します。そして第10が示すように，相手に負い目を感じることがない自然な形での他者救済が行わ

れます。この第8～10は向下道であり，下化衆生といわれます。この段階では，智慧と慈悲が一体となっており，「自利」より「利他」に重きがおかれるようになります。

　第1～10は，すべて第8によって示されている絶対無という場の「はたらき」の中で展開する過程であり，これを禅では己事究明と呼んでいます。

　『十牛図』は，宗教的教養の教育の側面が，第1から第8として描かれており，第8は「般若」という「悟りの智慧」を表しています。そして，第8～10は，悟りの智慧という宗教的教養の智慧の側面が描かれています。このように『十牛図』は，宗教的教養の教育の側面と智慧の側面を，図でわかりやすく示しています。

3　教養の本質

（1）美＝聖に触れる

1）カロス（美）

　旧約聖書の『創世記』に「神はお造りになったすべてのものをご覧になった。見よ，それは極めて良かった」（第1章第31節）という一節があります。この「良かった」と訳される言葉は，ヘブライ語のトーブという形容詞です。これが古代ギリシア語に訳された時，「カロス（美しい）」となりました。先の一節は「神によって創造された全世界は極めて美しかった」となります。また，美（カロス）は，カレオー（呼ぶ）という動詞に由来するという語源説があり，古代の教父たちによって頻繁に語られていました。神にしても美にしても，それらからの呼びかけがあり，人間がそれを感受することによってすべてが始まる，と考えられます（若松・山本 2018：283-284 「山本の発言」)。

2）美＝聖

　今度は美という漢字を見てみます。美と義という漢字があります。両方とも「羊」が使われています。羊は「犠牲」を象徴しています。義とは正しいこと，善いことですが，それは我を犠牲にして他者のためになる行為をすることです。

そこに善という価値が見出されます。これに対して，美は羊と大から成り「羊が大きい」すなわち「犠牲が大きい」という意味です。私たちは，他者のために自分の命を犠牲にする行為に出会った時，そこに人間の「美しさ」を感じます。これが美です（今道 1973：212-213）。

　たとえば，障がいがある人に対して，寄付や自分時間を使ってボランティアをした場合，それは善い行い（善）です。しかし，その障がいがある人の生活のために，一生を捧げて，外見的には報われない活動を続けている場合，それは善を超えて，そこに「美しさ」を覚えます（今道 1973：234）。

　美はその至高の姿においては，宗教の聖と繋がる人間における最高の価値です。私たちは義（正しいこと）を行う人を賞賛しますが，そこから，何か自分を動かすものは生まれません。これに対して，美しい行為（大きな犠牲を払って他者を大切にする）に出会うと，心を打たれ，自分でもできることを考えます。美＝聖は，自分を空にして，他者や人類のために，小さなことであってよいから，愛をもって成し遂げようとする生き方の中に灯された輝きなのです（今道 1973：234-235）。

3）極点が放つ「美しさ」

　教養は，ロゴスや神の「はたらき」といった「真理・真実」を求めます。そのうち「神のはたらき」や法（ダンマ）などは「聖」といった別格な価値として理解されます。教養は，真理・真実を基準・尺度にして世界を理解します。そこに価値規範といった「善」についての知恵を見出します。

　聖と表現される「神のはたらき」や法（ダンマ）などは愛や慈悲という価値規範（善）を見出しますが，それは大きな犠牲を払ってでも他者を大切にする行為や生き方をもたらします。これこそが教養が見出す人間性の極点なのでしょう。そして，そうした行為は美しく，人を魅了します。

（2）教養とは何か

　教養とは，「ヌースとロゴスのはたらき」や「神や法（ダンマ）のはたらき」を，人間という「場」において顕在化させていく営みのことです。具体的にい

えば，人間性について，他者や古典との対話，あるいは，呼びかけと応答（責任）の中で考えながら（教育的側面），知恵を修得，あるいは社会に提示していき（知恵の側面），そうすることで本来的な人間性を実現する営みです。ここまでの考察を踏まえるならば，教養の本質は次の3点にあると考えます。

1）真理（アレーティア）体験

1つ目は，上り坂（アナバシス）の学びや経験を経て，「ヌースとロゴスのはたらき」，善・美のイデア，あるいは「神や法（ダンマ）のはたらき」といった超越的な次元（存在の彼方）の光・呼びかけに触れる体験をすることです。これが，精神の自由を可能にし，かつ，超越的な「はたらき」や他者，あるいは地球が発している「声」に気づき，それを聴くことを可能にします。

2）真理・真実（エメト）の生き方

2つ目は，それらの光や声に応える下り坂（カタバシス）の中で，自分に宿っている人間性を顕在化させることです。これはエメト（真理・真実・顕在化）といえるものです。エメトに基づき地球や死者を含む「他者」とともに生きるために必要な知恵を学び，それによって人間性を顕在化させます。

3）人間性が放つ光＝美しさ

3つ目は，人間性が放つ光＝美しさに触れる体験をすることです。教養は真・聖・善についての学びといえます。その学びの中で気づいた人間性の極点に愛や慈悲があります。そこに人は美しさを感じます。

<table>
<tr><td>第 5 章</td><td>教養の新次元</td></tr>
</table>

1 哲学的教養

（1）教　育

　プラトンにおける教育・教養（パイデイア）は哲学であり，それは善のイデアについての確実な知（エピステーメー）を獲得しようとするものでした（天野 2006：17）。そのために必要な学問が算数，幾何学，天文学といった数学的学問です。これらの学問は，移り変わる世界から魂を解放し，普遍的なもの，真にあるもの（実在）へ，人間の精神を向け変えさせてくれます。

　しかし，数学的学問では，「善」について学ぶことができません。「善のイデア」という最終的なものに人間の精神を向け変え，それを学ぶために必要とされるものが哲学的問答法であり，ソクラテスが実践したものでした。

（2）哲学と知恵

　哲学の語源であるフィロソフィは，愛（philos）と知（sophia）の結合から成るギリシア語であるため，その原義は「知を愛する」です（渡邊 1998：1119）。

　古代ギリシアにおいて元々知恵は，専門知識に基づいた有能さや卓越性を意味していました。哲学史上，知恵理解における最初の決定的な転回を与えるのは，ソクラテスの「不知」です。この考え方は，「人間にふさわしい知恵（人間的な知恵）」（プラトン 2012：28）という知恵理解をもたらしました。これに応じてプラトンは，真に知恵ある者である神々と，知恵を求めない無知者との間に，「知恵を愛し求める者（哲学者）」（プラトン 2013：128-129）を位置づけています（高石 2019：1）。

（3）知恵の内容

1）不　　知

　善のイデア（真実），あるいは，ヌース（知性）とロゴス（理性）の「はたらき」は，不知，論理，正義といった目には見えない大切なもの（知恵）を生み出します。善や正義といった倫理的な事柄について，人は完全に理解することができません。たとえば，「自分は絶対に正しい」と思っている人は，正義を理解していません。ソクラテスが明らかにした普遍的な知恵とは，「私たち人間は，倫理的な事柄については，完全に理解することはできない」というものです。ここから，謙虚さや対話の重要性が理解されます。

2）正　　義

　私たちは正義について全く理解できないわけではありません。平等・公平といった数学的ルール，「こちらの方がより重要だ」といった優先づけなどに基づき，正義について考えることができます。古代ギリシアにおける正義，それを体系化したアリストテレスの正義は，目には見えない大切なものといえます。

3）ロゴス（論理）

　この世界にはロゴスという根源的秩序があり，私たち人間もそれを宿しています。そのため，古代ギリシアの人たちは人間を「ロゴスをもつ動物」と定義しました。これは，生活の基本型式は金でも権力でもなく，言葉と論理（ロゴス）がすべての問題を解決することを示しています（山本 1998-a：1739）。

　哲学的教養は，普遍的なるものへ精神・心を向け変えることを通して，同じく普遍的なるものである神のはたらきや法（ダンマ）に触れる可能性を拓き，宗教的教養の修得を可能にします。

2　キリスト教における宗教的教養

（1）教　　育

1）教師としてのキリスト

　プラトンが言うイデアは人間の世界を遥かに超えた超越的な存在ですが，キ

リスト教において，それに相当するのが「神のはたらき」です。キリスト教では，「神のはたらき」と人間を媒介する存在がいます。それがイエス・キリストです。イエスは歴史上の人物ですが，イエスの処刑は人類の罪を贖うための死であり，そのイエスが復活したことを信じる宗教がキリスト教です。キリスト教においては，イエス・キリストは神であると同時に人間であると信じられています。

　クレメンス，オリゲネス，そして中世ではボナヴェントゥラ（坂口 2009：4-5・11・236）などは，イエスを「神のはたらき」へと導く教師と考えています。聖書にある言葉により，イエス・キリストに学び，倣うこと，そして真なる状態へと導かれることがキリスト教における教育となります。

２）視点の移動（メタノイア）

　イエスは，飢えている人，居場所がなくよそ者とされている人，力が衰えている人など，社会から排除されたり虐げられたりしている人たちと共にいました。なぜなら，そうした小さくされている人たちのところにこそ神の力が働いているからです。そのため，そうした人たちの痛み・苦しみが感じられるところに視点を移すこと（メタノイア）が，神のはたらき（神の意志・言葉）に触れることになります（本田 2010：12・23・30-31・37・59-60・100・166-167）。

３）呼応（呼びかけと応答）

　排除されたり虐げられたりしている人の痛み・苦しみがわかるところに視点を移した時，そこにある呼びかけ（声なき声を含む）が聴かれます。この呼びかけと応答（責任）が，キリスト教における教育の基本形態となります。重い知的障がいがあり言葉がない人も，その存在を通して呼びかけ，その応答の中で自己を形成していきます。そうしたやり取りの中で，以下で述べるような知恵が理解されたり，社会に提示されたりします。

（2）『聖書』と知恵

１）世界に先立つ知恵

　『聖書』において知恵は，この世界に先立って造られ存在していたと考えら

れています。知恵は神によってもたらされるものであり，この知恵によって世界は秩序づけられます（高石 2019：2）。聖書における知恵は，①神的なもの，②人間の完成に関するもの，③愛と密接に関係するもの，といった意味があります（高石 2019：3）。

2）本当の知恵

イスラエルにおける知恵の伝統は，紀元前2～3世紀までに，異民族の知恵でもなく，権力者の知恵でもない，本当の知恵という考えにたどり着きました。この知恵は神に帰せられていましたが，女性として人格的な存在と見なされるようになっていきました。そして，イスラエルの民のうち，正しい生活のゆえに権力者から虐げられる貧しい人びとを，優しく目にかけ救う者，再建されたエルサレムですべての民族に平和を与える者と考えられるようになってきました（高柳 1990：151-152）

イエスの教え（知恵）は，ここまでに到達した知恵の伝統を発火点にしています（高柳 1990：152）。そしてパウロ（『コリントの信徒への手紙1 第1章18-25節』）は，世の知恵やギリシア人の知恵は，神を知る段階に達することができない不十分なものであり，神が自分を明らかにした啓示であるキリスト自身が本当の知恵であると述べています（高柳 1990：7）。

（3）知恵の内容

1）神を畏れる

『聖書』における知恵は，世界を存在させる「秩序」という真理を探究し，それを説明することを目的としています（梶原 2018：294）。その秩序の中で際立つのが「主を畏れる」という人間のあり方です。これはイスラエルに特徴的なことです（梶原 2018：294）。知恵は，「主を畏れ敬うこと，それが知恵，悪を遠ざけること，それが分別」（『ヨブ記』28・28）とあるように，秩序の根底に「神を畏れる」があることを教えています（梶原 2018：296）。

2）尊　　厳

ヘブライ語のコーディッシュ（聖）は，「分離する働き」という意味を持ち，

イスラエル民族においてそれは，ヤハウェという神のみに用いられるようになりました。ここから唯一無二で別格に価値があり尊いという，一神教の神概念が誕生しました。その「神のかたち（像）」として造られたのが人間です。ここに人間性の根源が啓示されています。そして，ここから「尊厳」という概念が生まれます。その意味は，「永遠なるもの」によってもたらされる「別格な価値，かけがえのなさ，尊さ厳かさ」のことです。

理性という能力があってもなくても，人間は人間であるというだけで尊厳を宿しています。最重度の知的障がいがある人，認知症が進んだ人，寝たきり状態と呼ばれている人を含め，「すべての人に尊厳がある」と心底思える。これがキリスト教における知恵の一つです。

なお，哲学者の藤田正勝は尊厳について「一人一人の人間を，誰も侵すことのできない価値を持った存在として尊重したい，あるいは，一人一人のかけがえのない価値が尊重されるような社会を作りたいという『希望』を言い表したものだと考えています。あるいは『願い』と言ってもよいかもしれません」（藤田 2013：36）と述べています。尊厳という言葉・概念には，希望や願いが込められていると思います。

3）倫　　理

『旧約聖書』が書かれているヘブライ語には，直接「倫理」にあたる言葉はありません（関根 2011：ⅱ）。類似の言葉はミツヴァー（命令）ですが，これは，神の意志・命令を意味します（ヘシェル 1998：443-444）。このミツヴァーの中で有名なのが『旧約聖書』にある「十戒」です。そのうち第一戒から第四戒は神に関する戒めであり，第五戒から第十戒が人間と人間の間におけるものです。そのため，第五戒から第十戒を倫理と捉えることができます（関根 2011：143）。

顔は単なる認識の対象ではありません。「顔が物語る」「顔が訴えている」といった表現に見られるように，私たちは顔から言葉を受け取ります。哲学者のエマヌエル・レヴィナスは，顔の最初の言葉は第六戒である「汝，殺すなかれ」である，と言っています（レヴィナス 2008：24-25：2010：111）。すべての人が，顔を通して「汝，殺すなかれ」と言っています。レヴィナスは，そうした

呼びかけに応える責任を倫理と捉えています。

4）愛

愛とは「一人ひとりを大切にする」という意味です（本田 2010：226）。愛の源泉は神であり，「神のはたらき」が愛です。それはイエス・キリストを通して啓示されます。愛は一人ひとりを大切にし，その他者に価値を授け創造します（金子 1989：49-50）。神のはたらきである愛によって，尊厳という価値が人間に授けられ創造されます。

愛には価値優先が認められます（金子 1989：90）。聖書に「失われた羊」の喩え話があります（『ルカ福音書』第15章第1－7節，『マタイ福音書』第18章第12-14節）。99匹いる羊をおいてでも迷ってしまった一匹を探しに行くことが，神の行動であり，弟子たちもそうすることを求めることを示したものです（加藤 2006：129）。このように愛は，迷ってしまっている（罪を犯した）者を優先的に対応しようとします。

また，愛は人格と人格との呼応です。ここにはエロースのように「よりよい1つのもの」への志向性ではなく，「2つのものの，よりよい状態」への志向性があります（今道 1972：119）。

5）平　　等

愛（アガペー）は，一切の自然や組織による差別を超え，「神のはたらき」の前では，みな平等であると考えます。すべての人間は人間である限り，同じ本質の存在であるということは，古代ギリシア哲学も到達していました。すなわち，ロゴス（論理）は「同じ人間」という平等を見出しました。これに対してキリスト教は，すべての人間は人間である限り同等の価値を有するはずであり，同じ権利を持つという平等を見出しました（今道 1972：77）。

「同じ人間」と「その人間には同じ価値がある」との間は，ほんの一歩しかありません。にもかかわらず，そこには深い間があり，哲学はそれを超えることができませんでした。その一歩を踏み出し，深い溝として横たわっていた「間」を超えたのが「神のはたらき」である愛です。深い愛はロゴス（論理）を補完します（今道 1972：77-78）。

6）謙遜・謙虚

①　『聖　　書』

　『ヘブライ語（旧約）聖書』には「人の心の高慢は破滅に先立ち，謙遜は栄誉に先立つ」（『箴言』第18章第12節）とあり，『ギリシア語（新約）聖書』にも「神は高ぶる者に敵対し，へりくだる者に恵みを与えられるからです」（『ペテロ第一の手紙』第5章第5節）とあります。ここでいう謙遜・謙虚とは，『ヘブライ語聖書』まで遡ると，アーナーブ，アナヴィームという言葉であり，それは「へりくだる」「神の前で低く」「貧しい」といった意味です。

　ラテン教父（古代から中世初期，2世紀から8世紀頃までのキリスト教著述家で，特にラテン語で著述を行った神学者の一群のこと）の伝統にあって最大の神学者であり「西欧の父」と称せられるアウグスティヌスは知識より愛を重んじました。なぜなら，知識は人を高慢にするが，愛は人を謙虚にするからです（宮谷 2004：45）。また，教皇フランシスコは2016年6月1日の一般謁見演説「謙虚な祈りは慈しみを受ける（『ルカ福音書』第18章第9-14節参照）」において次のように述べています。

　　　　「神はへりくだることをお望みですが，それはわたしたちをおとしめるためではありません。へりくだることは，むしろ神によって高く上げられるのに必要な条件です。それにより，わたしたちは自分の空白を埋めるために注がれる慈しみを感じることができます。高慢な人の祈りはみ心に届きませんが，貧しい人の謙虚さはみ心を大きく開きます。神はへりくだっている人に弱いのです。へりくだっている人の心の前で，神はご自分の心を完全に開いてくださいます。」

　聖書は神の前の謙遜を伝えています（土岐 2008：118）。

②　教養に無くてはならないもの

　中世の神学者で唯名論の創始者といわれるピエール・アベラールも先の聖句を引用し，知識を習得するだけでは「人格の陶冶」とは逆の方向に行ってしま

うことを自己批判していました（永嶋 2000：99）。アベラールにとって謙虚であることは，謙虚な振る舞いをして見せることや，謙虚に聞こえる言い回しで語ったり書いたりすることではなく，こころの底から自分の無力さを痛感することでした。おそらく，教養において謙虚さは無くてはならないものなのでしょう（永嶋 2000：96・98-99）。

3　仏教における宗教的教養

（1）教　　育

1）三　　学

　人間を超えた聖なる「はたらき」から智慧が生まれます。その智慧は「智慧即 慈悲」といわれるように智慧と慈悲は不可分なものです。それは「智慧」と「行」が不可分であることを意味します。

　仏教の場合，そうした智慧（般若）＝慈悲は三学によって身に付けることができるといいます。三学とは，戒（持戒）・定（禅定）・慧（智慧）の３つです。ここでいう「学」とは「学び」であると同時に「行」を意味します（秋月2006：214）。「行」とは悟りを得るための実践，修行のことです。

　戒（持戒）の原語の「シーラ」は“習慣性”を意味する言葉です。簡単にいえば，仏の定めた戒（悟りを目指す仏教徒が守るべき行動規範・道徳規範，習慣）を守って破らないことです。戒の中には五戒というものがあります。それは，在俗信者の保つべき五つの戒（習慣）のことです。具体的には，不殺生（生命のあるものを殺さない），不偸盗（与えられないものを取らない），不邪淫（みだらな男女関係を結ばない），不妄語（いつわりを語らない），不飲酒（酒類を飲まない）の五つです。持戒は，戒を保つことそれ自体が目的なのではなく，次に説明する禅定に入るための手段です（秋月 2006：216）。真の戒は，他人事ではなく，他ならぬこの私が取り組むか否かの問題です（秋月 1988：138）。

　禅定とは，「心静かに瞑想し，真理を観察すること。また，それによって心身ともに動揺することがなくなり，安定した状態」のことです（中村・福永・

田村ほか 1989：501）。座禅は禅定の具体的な姿です。座禅は東洋伝統の「座り」
ですが，それは「観る眼」といった意味です（秋月 2006：133・136）。

2）悟りから誓願へ

　日本中世の天台思想の一潮流に本覚思想というものがありました。それは，
人間は元々悟りの本性を備えていると考える思想です（濱田 2012：674）。この
考えを背景に道元は，常識的に考えられるように，修（修行）の後に証（悟り）
が得られるのではなく，修行そのものが悟りであり，その状態にありながら，
さらに修行がなされ，悟りが実現していくと考えました（末木 1998：783）。別
の言い方をすれば，成仏というものは修行で到達する目標ではなく，無限の修
行こそが成仏であるという考え方です（濱田 2012：675）。

　仏教，特に禅の伝統的な立場からすれば，自分が悟らないで，どうして人を
救うことができるのかと考え，まず自ら悟ることを先決とします。しかし道元
は，それではいつになっても人を救うことはできないと考えます。道元は，ま
ず人を救おうという誓願を起こすことが先であり，そのような誓願を起こすと
ころに悟りがある，と考えました。悟りの仏法から誓願の仏法への転回です
（鏡島 1997：28）。

（2）智慧＝慈悲

1）寛　　容

　ブッダは，他の宗教という理由で排斥することはしませんでした（中村元
2012：12）。仏教を含むインド（ないし東洋）の宗教においては，西洋とは異な
り，宗教戦争は起こりませんでした（中村元 2012：80）。そして，仏教が東洋諸
国に伝播するに当たって，各国土着の通俗的な民間信仰を破壊することはほとん
どなく，抗争摩擦を引き起こすことは少なかったのです（中村元 2012：86）。

　アショーカ王は，他の諸宗教を排斥しませんでした。彼は，バラモン教，ジャ
ャイナ教，アージーヴィカ教などを保護し援助しました。そして，各宗教・各
宗派が互いに争うことなく，提携し協同して善いことを行うよう願いました
（中村 2004：191-192）。

2）平　　等

　人類の歴史において「平等」ということを最も明瞭な自覚をもって唱えたのは，インドの仏教徒でした。「平等」という語は，呉音で「ビョウドウ」と読むことからも知られるように元来仏教の観念であり，サンスクリット語の sa-matā の訳語です（中村元 2012：108）。

　ブッダの言葉を書き記した最古の経典である『スッタニパータ（ブッダの言葉）』に「他の生類の中にあるような，生まれにもとづく特徴（の区別）は（人類のうちには）決して存在しない。身をうけた生きものの間ではそれぞれ区別があるが，人間のあいだではこの区別は存在しない。人間のあいだで区別表示が説かれるのは，ただ名称によるのみ」（ブッダ 1984：135-136）とあります。

　ブッダ以来，インド仏教は平等を基本のテーゼとして，バラモン教やヒンドゥー教の基盤であるカースト制度を一貫して批判し否定してきました。ただし，各地の諸仏教も，それぞれに平等思想を諸民族に示し教えましたが，部分的に留まり，徹底を欠くケースが多く見られます（三枝 1990：10）。

3）他者を軽んじない

　『ブッダの言葉（スッタニパータ）』に「何びとも他人を欺いてはならない。たといどこにあっても他人を軽んじてはならない」（ブッダ 1984：37）とあります。また，『法華経』においても「あなたがいかに尊い存在であるか」を教えています（植木 2021：150）。

　能力や業績で人を評価し，それらが低い人が軽視されることがあります。しかし，そうしたもので人を軽んじてはならないことを，この智慧は教えています。

4）日々是好日
<ruby>日々是好日<rt>にちにちこれこうにち</rt></ruby>

　これは法（ダンマ）に触れた自己が感じる状態を端的に表している言葉です。その意味は，毎日が素晴らしい日ということです。毎日が素晴らしいと言える人は，自分が毎日「新しく生まれている」のです。昨日の延長で今日があるのではなく，今日は昨日と違う新しい自分が誕生しているのです。これは，日々変化する限られた個体の「いのち」の中に，第9章で説明するような「永遠の

いのち」が顕在化したときに感じる世界です（山川 2022：203-204）。

5）生かされている

私たちは自分の力で「生きている」と思い込んでいます。しかし，本当は，超越的な「はたらき」に生かされています（山川 2022：207）。

4　教養の新次元

（1）教養の3つの次元

以上の考察を踏まえると，大学における教養について3つの次元を設定することができます。

1）一般教養

第2章で述べたように，戦後，アメリカの強い影響の下で新制の大学制度が発足し，そこで「一般教育」の必要性が説かれ，導入されました。それはリベラル・アーツの流れを汲むものであり，教養＝リベラル・アーツと捉える見方が生まれたと考えられます（清水 2010：135-136；村上 2022：78）。その内容は，その後に学ぶ専門課程とは異なる「一般教養科目」を幅広く学ぶものです。

ここから，専門科目が，ともすると視野や思考が狭くなりがちになるのに対し，一般教養は視野や思考を「広く」もてるようにする学び，と理解することができます。

2）哲学的教養

哲学的教養の特徴は3つあります。1つ目は，自明とされていることを「本当にそうなのか」とよく吟味することです。2つ目は，超越的かつ普遍的なものへと思考を拓くことです。そして3つ目は，超越的かつ普遍的なものに基づき，真理を求めることです。

こうした特徴から，哲学的教養の次元における教養は，一般教養科目と専門科目の双方の知識に対し，その知識を吟味し真理の探究へと思考を掘り下げていく学び，言い換えれば，思考を「深く」する学び，と理解できます。

3）宗教的教養

　宗教的教養の特徴は，聖なるもの（次元）への思考と感性を拓くことです。それは，尊さや厳かさ，そして尊厳といった言葉で語られるような神聖さへと思考と感性を拓くことを意味します。

　こうした特徴から宗教的教養の次元における教養は，一般教養が有する「広さ」，哲学的教養が有する「深さ」に加え，神聖さという「高さ」が加わります。

4）新 次 元

　従来の大学における教養は一般教養における「広さ」と，哲学的教養における「深さ」という2つの軸によって理解され展開してきました。軸が2つであるため，従来の大学における教養を2次元の教養と比喩的に捉えることができます。

　これに対して「大学における教養の新次元」とは，そこに宗教的教養がもたらす「高さ（神聖さ）」という軸に思考と感性を拓くことにより見出される教養のあり方です。比喩的にいえば3次元の教養ということができます。

　私たちが生きている世界には，いのちの誕生，かけがえのない人との出会い，大切な人の死など，神聖さを感じる経験があります。思考と感性を「高さ（神聖さ）」の次元へと拓くことで，そうした経験を含めた人間が生きる世界の真理を求め，その知恵について学ぶことができる教養となります。

　新次元とは，一般教養における「広さ」と，哲学的教養における「深さ」という2つの軸に，「高さ（神聖さ）」という軸を加えた3次元を意味します。

（2）新次元の教養において学ぶこと

1）人 間 性

　哲学的教養は，人間性を知性や理性，あるいは言語能力に求めました。ここにおける知性は大切なことを直観したり，主体的・能動的に働きかけたりする力です。一方，理性は，欲望をコントロールするという働きや論理を使って物事を考える力です。これらのうち，理性がもつ論理（演繹推論）や統計計算

（深層学習）の能力は人工知能ももっています（西垣 2019：21・29）。また，人工知能は ChatGPT のように，人間に模した会話をすることができるようになりました。

　新次元の教養は，データとアルゴリズムを中心としたヒューマニズムが提唱される時代において，「超越的なもの・普遍的なもの」と「人間」という縦の関係と，「私」と「他者」という横の関係，この縦と横の関係性（ネットワーク）の中で人間性とは何かを学びます。

　2）知　　恵

　教養の新次元では，「聖なるもの」も含んだ超越的なもの・普遍的なものへと思考と感性を拓き，そこから人間性を涵養します。そして，そうした人間性が有している知恵について学びます。

　第 2 章と第 3 章で示したように教養には宗教的教養と表現できる教育ならびに知恵があり，教養を身に付けるためには宗教に対する理解が不可欠となります。よって，次章では宗教を取り上げます。

<table>
<tr><td>第 6 章</td><td>目には見えない尊いもの</td></tr>
</table>

1　私たちの中にある宗教感覚

（1）いのち・生・死そして死者

1）いのち

　わが子の誕生は，日常における喜びや感動とは何か次元が違う体験です。言葉ではとても言い表せないものですが，そこには厳かさ・尊さのようなものが感じられます。

2）生

　そうして生まれた"いのち"自体にも同様の感覚をもっているため，人は，同じ人間と思っている人を簡単に殺すことは出来ません。ただ，反復される日常の中では，いのちがもつ別格さ，厳かさ・尊さを感じることはあまりないのかもしれません。

3）死と死者

　大切な人の死の際にも，日常とは次元が違う厳かさ・尊さを感じます。さらに，そうした人が亡くなっても，その人のことを想い続け，仏壇で手を合わせたり，お墓参りをしたりします。

　この何か次元が違う厳かさ・尊さを「聖なるもの」といいます。「聖なるもの」の感覚は，何らかの宗教を信仰していなくとも，私たちの人生の中で抱くものです。この感覚が宗教心です。

（2）縁

　私たちは「ご縁」という言葉を使うことがあります。たとえば，「これもご

縁ですね～」「この度は，大変素晴らしいご縁をいただきました」「あの人やあの場所には何かとご縁がありまして」「またご縁があるとよいですね」などです（大來 2020：116）。

　「ご縁」は仏教の「縁起」に由来するものなので，「縁」だけでも十分なはずです。にもかかわらず「ご」をつける理由について，僧侶であり翻訳家でもある大來 尚 順 は次のように説明しています。

　普段，私たちは当然のように人と会い，ご飯を食べ，生活していますが，実はどれ一つとっても不可思議なことであり，当たり前ではないのです。無意識にも二度と巡り遇うことができないという感覚がはたらき，有り難い（めったにない）という感謝の気持ちが起こり，「縁」を尊ぶために「ご」という敬語を付けて「ご縁」というのです（大來 2020：123-124）。

2　宗教を理解する上での基礎知識

（1）私と世界

1 ）私に世界が立ち現れている

　宗教は，人間集団の営みであると同時に，一人ひとりの人にとっての精神的な営みです。後者について理解する上での最大のポイント（大切な点）は，「私たち一人ひとりに世界が立ち現れており，その世界は，その人の死とともに消滅する」という人間における根源的事実です。

　もし「私（自分）や他者と世界を図で表してください」といったら，ほとんどの人が，図6-1のように，世界という全体があり，その中に，私や他者がいる図を描くと思います。これは物質的次元における私や他者と世界の関係を表したものです。しかしながら，精神的次元で考えたならば，私には図6-2のように，世界が立ち現れています。私たちは，自分に立ち現れている世界の中でさまざまな経験をしています。そして，その世界は，私の死と伴に消滅します。

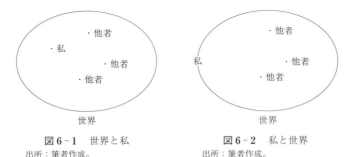

図6-1　世界と私
出所：筆者作成。

図6-2　私と世界
出所：筆者作成。

2）宗教に開かれる経験

　宗教は，"かけがえのない一人ひとり"に立ち現れている世界（図6-2）における経験です。そこには，自分の死やかけがえのない人の死，生きることに対する根源的な悩み，自然災害による危機など，深刻な事態の中で経験されることもあります。言い換えれば，そうした経験の中にいる人たちによって見出された文化・営みが宗教といえます。必要な人には生きていく上でなくてはならないものですが，そうでない人には意味のないもの，妄想と映ります。まず理解すべきは，宗教を必要とする状況・世界を生きている人が，これまでも，今も，そして，おそらくは将来もいる，ということです。

3）世界の重ね描き

　人だけでなく生物の基盤でもある物質的世界があります。しかしその物質的世界が，どのようにそれぞれの人や動物に立ち現れるかは様々です。

　人間にしても動物にしても，物質的世界をそのまま認識しているわけではありません。それぞれの個体の生存にとって必要な情報を取捨選択した上で，その世界を，様々な意味づけや価値づけをして世界を認識しています。これを世界の重ね描きといいます（大森 1994：176-177・237）。宗教は，物質的世界に対する重ね描きとして得られた世界観の一つです。その描き方は，時代・社会によって異なります。そのため，多様な宗教があります。

（2）宗教の誕生と 2 つの世界

1）時間の誕生

人間は直立歩行をすることで脳が飛躍的に進化し，物事に様々な意味づけや価値づけをする「言葉」をもつようになりました。そして，言葉により過去を記憶し未来を予測することができるようになります。こうして，私たち人間が生きる世界の中に「時間」が誕生しました。

2）死の自覚

時間が生まれ，将来を予測できるようになると，「自分の死」を理解できるようになります。そして，大切な人も死ぬことを理解します。私たちの世界には，ニュースで報道されるような見知らぬ人の死（三人称の死）だけでなく，私の死（一人称の死），大切な人の死（二人称の死）があります。

3）聖なるものへの感覚

死，そしていのちの誕生は，日常における出来事とは質的に異なる，どこか次元が違う出来事に感じられます。また，人間の力をはるかに超える「目には見えない尊いもの」といった感覚も人間は持ちました。それらは「聖なるもの」と表現されるものです。そこから宗教が生まれました。

（3）世界の重ね描きが生み出す 2 つの世界観

1）世俗化とポスト世俗化

近代化の進展に伴って，宗教の社会的影響力が小さくなっていくことを世俗化といいます。21世紀になり世界の大部分では，世俗化は加速し，宗教は衰退しつつあります（イングルハート 2021：18）。それでも宗教は世界において重要な働きをしており，現代をポスト世俗化社会と表現する人もいます。これは，社会全体がおおむね世俗的であっても，宗教集団が依然として存在し，様々な宗教的伝統に依然重要性があることを考慮しなければならない社会を指します（ハーバーマス 2014：167）。

2）2 つの世界観と建学の精神

ポスト世俗化社会といわれる現代では，科学に基づく世界観と宗教に基づく

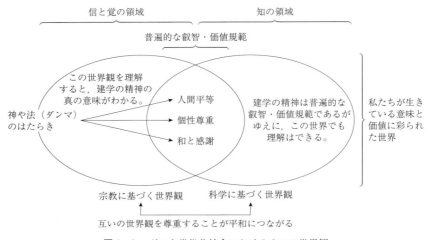

図6-3　ポスト世俗化社会における2つの世界観

出所：筆者作成。

世界観があります。前者の世界観では科学によって明らかにされることが真理であるとされます。一方後者では、科学によって明らかにされる真理だけでなく、「神のはたらき」によって示される（啓示される）真理もあると考えます。求められることは、科学を根拠に宗教を否定することや、ある宗教の世界観を広めていくことではなく、共存・共生できるよう対話を継続し、互いの世界観を尊重することです。この姿勢が平和を生み出し保つことにつながると考えます。

　私立大学の場合、宗教の教えから導かれている叡智・価値規範が建学の精神となっていることが多くあります。関西福祉大学であれば、金光教の教えから「人間平等」「個性尊重」「和と感謝」という建学の精神が生まれています。それらは普遍性の高い叡知あるいは価値規範であるがゆえに、金光教という宗教の世界観を理解しなくとも、その意味するところは、ある程度わかります。しかしながら、真に理解するためには、金光教に基づく世界観を理解する必要があります。以上で説明したことを視覚化すると、図6-3になります。

3　宗教と哲学

（1）哲　　学

　宗教も哲学も，私たちが生きているこの世界を超越した「はたらき」から生まれています。

　哲学は，「なぜ」という疑問とともに，その理由や原因の根源にあるもの（原理）を探究します。そこにおける魂の向け変え（ペリアゴーゲー）により「ヌース（知性）とロゴス（理性）のはたらき」，あるいは，善のイデアが見出されます。これらは自然界を超えた次元（形而上学と呼ばれます）における「はたらき」であり，思い込みや囚われから精神を自由にする霊的なものです。古代ギリシアでは，こうした「はたらき」が実在すると信じられていました。そしてそれが，この世界を含めた物事を生み出し，そこに秩序を与えると考えていました。

　こうしたヌース（知性）やロゴス（理性）を私たち人間は宿しています。ヌースとロゴスは，自らの出自である「ヌース（知性）とロゴス（理性）のはたらき」を探し求めます。「ヌース（知性）とロゴス（理性）のはたらき」をソフィア（知恵）と捉え，それを愛し求めること（フィロ）が哲学（フィロソフィ）です。

　哲学は，「なぜ，なぜ」と物事の根源へと遡っていきますので，哲学によって得られる知恵は「深きもの」であり，哲学は「深い」というイメージを持つことになります。

（2）宗　　教

　人は，自分ではどうにもならない苦しい経験の中で宗教に出会います。そこでの経験の中で視点の移動（メタノイア）あるいは，関心を内側に向ける（サティパッターナ）により「神や法（ダンマ）のはたらき」に気づきます。これらは，この世界の真実，本来的なあり方を示し，それを回復しようとする「はたら

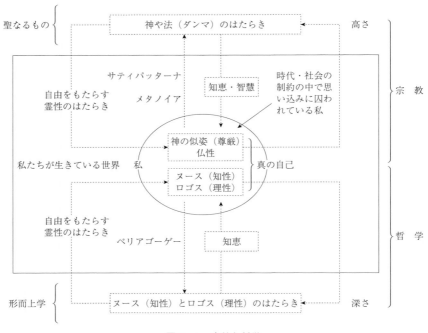

図 6-4　宗教と哲学

出所：筆者作成。

き」であり，思い込みや囚われから精神を自由にする霊的なものです。宗教においては，こうした「はたらき」こそが，人間一人ひとりの「真の自己」と理解されます。そして，この「はたらき」の中核にあるものが，愛や慈悲と呼ばれているものです。

　「神のはたらき」を信じる（信仰する）のが一神教（ユダヤ教・キリスト教・イスラーム）です。「法（ダンマ）」に目覚めること（悟り）を目指すのが仏教です。

　「神や法（ダンマ）のはたらき」は「聖なるもの」といわれ，それは高き（尊き）ものとされますので，宗教によって得られる知恵・智慧は「高いもの」，宗教は「高い（尊い）もの」というイメージをもつことになります。以上のことをまとめると，図 6-4 となります。

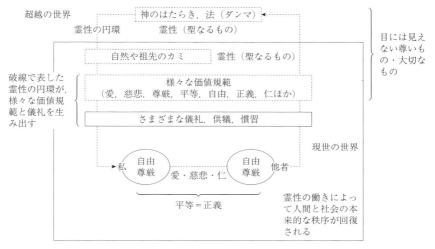

図6-5　宗教の構造

出所：筆者作成。

4　宗教の構造と働き

（1）宗教の構造

　宗教の構造をまとめたものが，図6-5です。

　まず，大きな枠で示されている「私たちが生きている現世の世界」があります。そこには自然や祖先のカミが存在すると考えられています。このカミとの関わりから儀礼・供犠・慣習や「お天道様が見ている」という言葉にあるように規範が生まれます。そして，こうしたカミへの祈りを通して現世における利益（見守り・健康・五穀豊穣など）を願います。これらは自然崇拝や祖先崇拝と呼ばれます。

　これに対して，この世界を遥かに超えた聖なる「はたらき」を想定する宗教があります。それには一神教の「神のはたらき」と仏教の「法（ダンマ）」があります。これらは科学では証明できない「目には見えない，しかし，人間にとって最も尊いもの。霊性」です。超越的な聖なる「はたらき」はこの世界を生

み出し，それを支え，そして，すべてのものがそこに帰還するこの世界の根源と考えられています。この「はたらき」も儀礼，供犠，慣習や様々な価値規範（愛・慈悲・尊厳・平等・自由・正義・仁ほか）を生み出します。霊性の働きによって人間と社会の本来的な秩序が回復されます。

（2）宗教の働き

1）人間や社会の本来的なあり方の回復

　宗教は religion の翻訳語であり，その語源はラテン語の religio です。religioは，元来，儀礼的な宗教（祭祀）に見られる「人と人との結びつき」という水平的なものを意味していました。しかし，宗教の中心が神に対する信仰という局面に入ると，「神と人間の結びつき」という垂直的なものを意味するようになりました（三上 2015：275）。

　人間社会の本来的な（真の）あり方とは，人と人，神と人とが適切に結びついている状態です。そうしたあり方に気づき，その状態を実現しようとする営みが宗教であり，宗教の働きです。宗教による救済は，本来的なあり方の実現のために行われるものです。

2）尊厳・平等といった価値の創造あるいは気づき

　哲学者のジャック・デリダは，生物学的生命に「聖なるもの」といった別格の価値，すなわち，尊厳を見出すところに宗教の宗教性が生まれると指摘しています（デリダ 2016：128-129）。人間は平等という人間理解もキリスト教や仏教から生まれ広まりました。これは人間社会の本来的なあり方に気づくことの一例ですが，宗教には，「尊厳・平等といった価値の創造あるいは気づき」という働きがあります。

3）この世の秩序を批判する究極的な価値規範

　哲学者のカール・ヤスパースは，ピタゴラス（紀元前570-前495），ブッダ（紀元前563-前483），孔子（紀元前551-前479）が生きた紀元前500年頃を中心とする，前後300年の幅を持つ時代を「枢軸時代」と称しました（ヤスパース 1964：22-23）。

　この時代に超越的・究極的な価値理念をもつ宗教や世界観が，異なる地域において成立しています。このことは「究極的な価値規範」が，この世に実在しうることを示しました（島薗 2014：225）。宗教は，究極的な価値規範（たとえば，愛・平等・尊厳など）を根拠にして，現状の価値規範や社会を批判する機能を有しています。

4 ）救済と死への対応

①　他者の救済

　宗教には救済宗教とそうでない宗教があります。キリスト教・仏教・イスラームといった世界宗教は前者であり，ヒンドゥー教・儒教・神道などは後者です。救済宗教は，生きていくことが困難な状況の他人（自分とは血縁関係にないもの）を救済してきました。

②　死の不安への対応

　死は，自分がこの世界で得たもの，これから得るかもしれないものを根こそぎ奪います。そうであるがゆえに人は死を恐れます。この恐怖に対応するために宗教では，死後について，魂は生き続ける，天国や浄土に行く，輪廻転生する，子孫の中で生き続けるなど，様々に語られています。詳しくは「死」をテーマとした第11章で説明します。

5 ）精神の自由

　私たち一人ひとりに世界が立ち現れています。それは，ある心身を起点にしているため，その心身に基づく自己中心的なものとなりがちです。また，その世界は，極めて限られた経験の中で理解されている世界であるため，特殊で偏ったものです。

　キリスト教や仏教のような世界宗教では，思い込みや囚われに縛られている自我が，超越的な聖なる「はたらき」に気づくことで，その拘束から解き放たれます。そうすることで，人間の精神は生き生きとし，その本来もっている力・はたらきを発揮します。それこそ精神の自由といえるものです。宗教には，精神の自由を獲得し，それを保つ働きがあります。

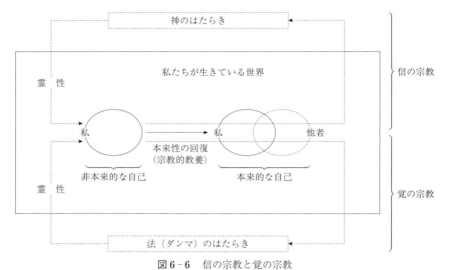

図 6-6　信の宗教と覚の宗教

出所：筆者作成。

（3）2種類の宗教

　目には見えない尊いものは「超越」と表現されることがあります。それは，この世界に働きかけ，世界の中でその「はたらき」を実現していこうとします。宗教の中核には，超越という「はたらき」への自覚があります（八木 2022：2・69）。この超越的な「はたらき」には図6-6に示した2種類があり，それに応じて2種類の宗教があります。

1）「信」の宗教

　「信」とは，理性によっては理解できないが，確かにそうした「はたらき」があると確信する，あるいは信頼する，という意味です。ここでは，信じる主体と信じられる対象（神）の分離が前提にあります。その対象となる神には，自然宗教や神道のように，この世界に存在していると思われるものと，一神教のように，この世界から超越しているものとがあります。

2）「覚」の宗教

　「覚」とは，法（ダンマ）といった超越的な「はたらき」が，一人ひとりに内

在しており，それに目覚める，あるいは，気づくということです。仏教は
「覚」の宗教ということができます。

　「神のはたらき」にしても，「法（ダンマ）のはたらき」にしても，それらは
非本来的な自己から本来的な自己を実現しようとする働きであり，言い換えれ
ば，本来性を回復しようとする働きです。これらを視覚化すると，図6‐6に
なります。

5　宗教を理解する上でのポイント

（1）聖（霊）の次元へと思考と完成を拓く──思考軸を1つ増やす
1）物質やデータに一元化され心を喪失する世界

　世界を物質という軸で眺めれば図6‐1のように，世界という全体があり，
そこに私と他者が存在しています。一方，世界を精神という軸で眺めれば図6
‐2のように，私が生きている世界は，この私に立ち現れている世界となりま
す。私たちは物事や世界を，物質と精神という2つの軸により理解し，人間に
ついても，物質（体）と精神（心）という2つの軸で理解しています。

　しかしながら，ガリレオは，精神（心）という不確かなものを捨象し，目に
見える物質に焦点を当てることで科学を生み出す1つの要因をつくりました。
これにより，精神（心）という軸が弱まりました。その後，科学は発展し，今
日では自然主義・科学主義という一つのイデオロギーを生み出しました。それ
は，あらゆるものを物質，さらにはデータに還元して理解しようとする考え方
です。人間も脳やDNAさらにはデータに還元して理解されます。

　私たちは，物事を，物質やデータに一元化して理解する世界に向かっていま
す。そこでは，人間の心，自由，尊厳などというものは妄想であり，この世界
にしても人間にしてもデータに過ぎない，という時代を迎えつつあります（ハ
ラリ 2018‐b：105・132・137・189・209・211・216）。

2）もう1つの未来

　私たちは後世に，どのような世界を引き継ぐべきでしょうか。大きな岐路に

立った時，学ぶべきは歴史です。歴史を振り返ると，世界（普遍）宗教が見出した聖（霊）-精神（心）-物質（体）という 3 つの軸（3 次元の世界観）→科学によって聖（霊）の次元を失った物質（体）と精神（心）という 2 つの軸（2 次元の世界観）→そして科学主義自然主義による物質（体）とデータという 1 つの軸（1 次元の世界観）へと変容してきていることが分かります。

　こうした時代の流れを踏まえるならば，未来への選択肢として，現在の物質（体）と精神（心）という 2 つの軸（2 次元の世界観）から聖（霊）の軸を回復した，3 つの軸による世界があることがわかります。

3）次元という観点

　私たちが生きている現実を「球」に喩えましょう。現実の「球」を理解するために，縦 - 横 - 高さという 3 つの軸が必要です。しかし，もし私たちの思考が縦と横しか持っていなければ，球は「円」という平面としてしか理解することはできません。

　これを人間や世界の理解に適用すると，人間や世界は「球」であり，それを正しく理解するためには，聖（霊）-精神（心）-物質（体）の 3 つの軸が必要となります。しかし，精神（心）-物質（体）という 2 つの軸しかもたない思考の場合，聖（霊）の軸（次元）が見失われ，「球」である人間や世界が「円」という平面（平坦なもの，深さや高さがないもの）として理解されてしまいます。ましてや，人間や世界が物質（体）やデータとしてのみ理解されるとなれば，人間や世界がもつ豊かさの多くが失われてしまいます。

（2）超越的な「はたらき」について考える

1）自然界・宇宙を支配する「力・はたらき」

　物理学によってこの宇宙の根源には，強い力・弱い力・電磁気力・重力（これらが物質の根源にある素粒子間で働いている力・作用）があり，さらに，その根底に対称性という性質があることが明らかにされています。この世界には，目には見えませんが，実験により確かめられている根源的な力があります。

２）人間が生きている精神的世界における根源的な「はたらき」

①　形而上学の次元

　古代ギリシアの哲学者は，自然を超えた（メタ・フィジカ）「はたらき」を形而上学の次元で理解しました。そしてそれを，イデアや「ヌース（知性）とロゴス（理性）」と表現しました。

②　聖（霊）の次元

　一神教の人たちは，この世界を超えた聖なる「はたらき」を神と表現し，仏教の人たちは法（ダンマ）と表現しました。

３）超越的な聖なる「はたらき」に対する理解

　「神のはたらき」にしても「法（ダンマ）」にしても，人間の知性・理性を遥かに超えた「はたらき」です。よって，「神のはたらき」については，そうした「はたらき」があるかないかは，信じるか否かの問題（信仰の問題）です。また，法（ダンマ）は，悟りにより得られるとされていますので，悟っていない人は，それを正しく理解することはできません。また，そうした悟りや法（ダンマ）などは妄想と考えることもできます。

（3）宗教に学ぶ

１）多様な世界観

　世界には，「神のはたらき」こそがこの世界の根源であり真実であると考え，それを軸に生きている人がたくさんいます。また，悟りを求めている仏教徒もいます。宗教の学びは，そうした人たちとの共生の基礎となります。

２）不適切な宗教に対する免疫

　宗教の中には人や家族を壊し，社会に危害をもたらすものもあります。また，洗脳により主体的な判断が奪われる場合もあります。宗教の本質は，そうした誤った思い込みや囚われから人間を自由にし，人間の本来的なあり方や大切な価値規範に目覚めさせることにあります。

３）人間理解

　私たちは，私という個人を，社会を構成する基礎単位と捉えています。その

個人は，政治的には，人権と自らの意志・判断（自己決定）が尊重される存在であり，また，経済的には自己の利益の最大化を求める合理的な存在と想定されています。そして，自らのことは自分で行うこと，すなわち自立が個人には求められます。

　しかしながら，世界宗教は，そうした自己（自我）に囚われた個人は，人間の本来のあり方ではないと考えます。世界宗教は，「神のはたらき」や法（ダンマ）といった超越的な聖なる「はたらき」こそが人間の本来のあり方であり，人間はそうした「はたらき」が実現する「場」あるいは「器」であると考えています。

　参考までに言えば，ユダヤ教やキリスト教では，「神のはたらき」から逸脱している状態を，言い換えれば，「神のはたらき」を忘却し，自分が神のようになっている状態を，「罪」と捉えています。

4）根源的な価値規範

　超越的な聖なる「はたらき」が，愛や慈悲としてはたらき，そこから，「汝殺すなかれ，不殺生」，自由，平等，尊厳といった価値規範を生み出してきました。

　価値規範の体系のことを道徳といいます。価値規範は，善悪，すべき／すべきではない，といった価値判断を生み出し，悪は排除されます。これに対して宗教は，そうした悪をも「赦し」「悪いことをした人も受け入れ，肯定する」という価値規範を生み出しています。宗教が生み出す価値規範は，より根源的で包摂的です。

| 第7章 | 教養が切り拓く世界 |

1 世界変容の体験

　第4章で説明した通り，教養という学びの過程には，上り坂，頂点における経験，下り坂があります。ここにおける頂点とは世界の変容体験です。それにより世界の軸が，私から他のものに移動し，世界は新たな軸の下に立ち現れます。

（1）文学と宗教

1）かけがえのない存在との出会い

　サン＝テグジュペリの『星の王子さま』に，次の文章があります。

　　「もし，あんたが，おれと仲よくしてくれたら，おれは，お日さまにあたったような気もちになって，暮らしてゆけるんだ。足音だって，きょうまできいてきたのとは，ちがったのがきけるんだ。ほかの足音がすると，おれは，穴の中にすっこんでしまう。でも，あんたの足音がすると，おれは，音楽でもきいている気もちになって，穴の外へはいだすだろうね。」
　　（サン＝テグジュペリ 2000：97）

　人と人とが出会い，仲良くなり，絆が生まれると，その人はかけがえのない存在となります。かけがえのない存在ができると，その人が来る約束の時間の1時間前には，世界は嬉しさでいっぱいになります。事実としてある世界はこれまでと同じでも，世界は華やかな彩りを持ちます。これが世界変容です。

2）回心という体験

①　コンバージョン（回心）と廻心

　キリスト教にはコンバージョンという言葉があります。これは，道徳的な更生に留まらない，宗教的な再生体験です。そのため，明治時代，この言葉を翻訳する際，仏教の廻心を参考にして回心と訳されました（德田 2010：15）。

　廻心という概念に命を与えたといわれる親鸞によれば，廻心には，重い罪を「懺悔」して，悪心から善心へと心を入れ換えるといった意味と，道徳的な善悪を超えて，心の拠り所を自力から他力へと転換するといった意味があります（德田 2010：16・19）。

　回心と訳されるキリスト教ではコンバージョンの元にあるのはヘブライ語のシェーブであり，その基本的な意味は「方向転換」です（德田 2010：7・10）。この点を押さえた上でいえば，聖書におけるコンバージョンは，神と人とを隔てる罪のなかった，神と人とが共存する原初の状態に「帰る」といった意味です（德田 2010：12-13）。

②　アウグスティヌスの回心

　アウグスティヌスは33歳の時に回心を体験します。『告白』という作品は，コンバージョンの意味を記憶において問い直し伝えるために書かれたといえます（小川 1999：8）。回心は英語で conversion，「向き変わる」という意味ですが，アウグスティヌスのコンバージョンは，神に逆らう古い意志を主軸とする人間が，神に従う新しい主軸をもつ人間へと転換する意志をめぐる出来事でした（岡嵜 2021：78）。

　アウグスティヌスは，哲学的に神を捉えますが，その認識によって自分の生活は以前と変わらず，この世の様々な思いわずらいと肉欲の習慣に苦しめられていました。それどころか，哲学的な神の認識を得たことで，自分がますます傲慢になっていったと反省しています（小川 1999：18）。そして，神に従いたい意志とそれに抵抗する意志との間で悩みます（小川 1999：20）。こうした中途半端な状態からの解放を願っている時，「取れ読め。取れ読め。」という子どもの歌声を聞き，「宴楽と泥酔，好色と淫乱，争いと妬みを捨てよ。主イエス，

キリストを着よ。肉欲を満たすことに心を向けるな」(「ローマ人への手紙」第13章第13-14節) という箇所を読みます。そして，それを何の迷いもなく，深い安心感のうちに神の命令として受け入れました。アウグスティヌスに神の言葉が到来した瞬間です (小川 1999：20)。

　アウグスティヌスにとってコンバージョンは，真理である神を，自分自身を照らすものとして自ら受け入れて生きることでした (小川 1999：21)。

(2) 軸の移動
1) カトリシズム

　第 2 節では，禅 (仏教) を例に，宗教的教養が切り拓く世界を説明しますが，それは 1 つの例であり，キリスト教に基づく宗教的教養が切り拓く世界もあります。カトリックの神学者であり哲学者である吉満義彦は，「己の中に神を包摂し尽くすところには，宗教性はその本質を見失われ，神はその姿を見失われていく」(吉満・若松編 2022：411) といいます。自分 (人間) の世界に囚われている者には，宗教や神は不在ということでしょう。吉満の信仰と哲学の基本軸は以下のものです (若松 2014：138)。

　　「いかなる民族いかなる国民も神の摂理において無意味なるものはなく，神の救済と永遠化聖化にあずかり得ないものはない。否な否な一切の民族一切の国民は各々それぞれ独自の個性と歴史とをもって，ただ一回かぎりの他にかけがえのなき使命を負うているとなるはそもそもカトリシズムの根本主張である。」(強調は原文，吉満 1985：296)

　ここでは，「ただ一回かぎりの他にかけがえのなき使命」という単独性と，神の摂理という普遍性が，すなわち，以下で述べる「普遍性－単独性を軸にした世界」が語られています。

2）人間中心から神中心の世界へ

①　神という中心

吉満は，神中心的な人間性について次のように語っています。

> 「マリタンは自らこの神中心的な人間性回復と人間文化再建の立場を
> 『充足的ヒューマニズム（humanisme intégral）』と称して，神よりしたがっ
> て人間性の根源より，分離された非人間的な宿命に帰する近代ヒューマニ
> ズムに対せしめるのである。」（吉満 1985：395）
>
> 「問題は近代的人間主義か中世的信仰主義かというところにあるのでは
> なく，新しき神中心的人間主義というか，霊性真理と人間的知性との新し
> き『ロゴス的秩序』の回復にある。」（吉満・若松編 2022：373）

　カトリックやキリスト教に限らず，ユダヤ教，キリスト教，イスラームなど
の一神教においては，人間が世界の中心ではなく神が世界の中心です。宗教哲
学者であり神学者である八木誠一は，人間中心から神中心の世界になることを
主体の交替と表現し，自我中心ではなく法（ダンマ）中心となる悟りを，同様
なものと見なしています（八木 2016：160）。

　ルネッサンスや啓蒙思想に象徴されるように，近代以降の世界は，神中心か
ら人間中心となりました。しかし宗教は，そうした人間中心という囚われ（牢
獄）からの解放の可能性を秘めています。

②　わが子という中心

　肉体と精神をもったこの私に世界が立ち現れています。そこでは私が世界の
軸であり，その意味で，誰もが私中心の世界に囚われています。これに対し宗
教は，そうした世界からの解放の可能性を秘めていると先に述べました。この
ことは信仰のない人にはピンと来ないかもしれません。

　しかし，身近なことで私中心から解放され，中心（軸）が移ることがありま
す。それが「わが子の誕生」です。もちろん個人差はありますが，子どもの誕
生により，夫婦は親になり，子どもを中心に家庭が営まれます。そこで，自分

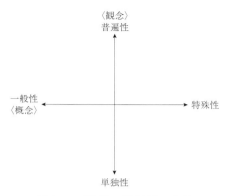

図 7 - 1　普遍性 – 単独性という軸
出所：柄谷 1989：128。

より大切でかけがえのない存在を経験します。それは聖なるものの経験という意味で宗教的な経験といえます。

（3）普遍性——単独性という軸

1）柄谷行人の問題提起

　私たちの多くは言葉を介して世界を理解しています。言葉は多様な現実を抽象化し，ある現象を同定（同一化）します。そこでは，他ならぬ「私」は誰にでも当てはまる「私」という言葉で一般化され，かけがえのなさは失われます。同様に，畏敬の念を覚える現象や究極の存在を「神」と表象することで，その現象は一般化されます。一般化されたものの 1 つの例として，「私」や何々教の「神」が理解されます。これが一般性 – 特殊性の軸で理解される世界です。

　こうした抽象化・同一化された世界に対して，哲学者の柄谷行人は，一般性（類）– 特殊性（個），普遍性 – 単独性という 2 つの軸を対立させ，それを図 7 - 1 のように示しています（柄谷 1989：128）。そしてここから，概念によって一般化されてしまう思考や現実理解を批判し，「他者」が見出される世界を探究していきます。

２）パルメニデスの存在

①　古代ギリシアにおける科学勃興

　パルメニデスが生きた時代は，目に見える物事の世界を冷静に見つめる客観的精神（科学の精神）が浸透していました。そして，人間が法律を作り，規範の尺度に人間がなるという人間中心的社会科学とでもいうべきものが台頭していました。こうした潮流に対してパルメニデスは，哲学特有の「脱人間的」発想があることを，存在＝真理の探究という形で示しました（古東 2005-a：114-115）。

②　存在（普遍）——かけがえのなさ

　生成流転する世界は「感覚」で捉えられます。これに対して「存在」を捉えるのは思惟（ノオス）です（古東 2005-a：128）。パルメニデスは感覚とは異なる思惟の大切さを述べました（三浦 2008：152）。思惟が存在に触れた時，「今ここ」は，永劫に一回きりであることが実感されます。そして，その一瞬・「今ここ」が，ある種の永遠性となります（古東 2005-a：140）。思い込みの世界における時間が，過去→現在→未来といった線で表されるものに対して，「存在」が開示するのは，瞬間が永遠であるような根源的今現在です（山川 2023：124）。

３）ベンヤミンにおける理念

　今日において普遍的なものは，論理的必然性や統計によって得られた数字と考えられています。しかし，これらは，多くのものに共通する一般性です（村上 2023：147）。これによって理解されるのは特殊性－一般性という軸によって理解される世界です。

　これに対して批評家であるヴァルター・ベンヤミンは次のように言います。

　　　「普遍的なものを平均的なものとして説明しようとするのは，本末転倒である。理念こそが普遍的なものなのだ。これに対して経験的なものは，それが極端なものとしてより精確に識別できるものであればあるほど，それだけ深く，その核心に迫りうるものとなる。概念は，この極端なものに由来する。」（ベンヤミン 1999：34）

この文章を引用した後，哲学者の村上靖彦は次のように述べています。

> 　「私は医療福祉現場で長年にわたって調査を行ってきて，実は経験の個
> 別性がもつ真理は，他の誰にとっても真理であるのではないか，と感じて
> いる。弱い立場へと追いやられた人の経験は常に意味をもって響いてくる
> からだ。ベンヤミンのいう「極端なものに由来する」「概念」は，倫理的
> な方向性を指し示している。つまり個別の経験が生む「概念」が，誰にと
> っても意味がある共通の「理念」として，倫理的な「普遍」を指し示すの
> だ。
> 　この倫理的な普遍は「人権」と呼ばれるものと重なることになる。個別
> 的経験を尊重することは，あらゆる人の人権を尊重することを意味する。
> 誰も取り残されない世界を目指すということにつながるのだ。」（村上
> 2023：148）

　ここに示されているのは単独性であり，そこを通して理念（人権）という普
遍的なものへと至る，すなわち，普遍性 – 単独性を軸とした世界です。

2　禅（仏教）における普遍性 – 単独性

（1）禅の世界

1）禅　　宗

　仏教は，釈迦を開祖とし，涅槃ないし悟りと救いを最高の価値ないし目的と
して，その実現を目指して，世界の諸地域に展開している文化の総合的な体系
です（前田 2003：44）。悟りを得た人を仏陀といいます。釈迦が仏陀になりま
したが，自分が悟ったことを書き記してはいません。仏陀が語った言葉が文字
化されて仏典になり，それが他の国の言葉に翻訳されていきます。仏典が整備
されるにつれ，教義の研究が重視されるようになります（山川 2022：23-24）。
しかし大事なことは，そうした言葉によって表そうとした悟った心です（沖本

2017：38-39）。

　悟った心（究極の真理）は，本来，言葉にすることができません。そのため，経典に依拠するのではなく，心そのもの，座禅や問答などの修行を通して，悟らせようとするものが禅宗となります。

２）禅の思想

①　不立文字・教外別伝

　仏は法（ダンマ）を悟った人ですが，次の仏陀の言葉のように，それを言葉にすることはできません。

> 「私は正しく法（ダンマ）を見，皆を涅槃へ導く道がある。それは無形で形があるようで形がない，比類なき教えだ。文字や言葉にして表しきれず（不立文字），これまで説いてきた教えとは違う世界である（教外別伝）。」
> （山川　2022：13）

　これは，真実の教え（悟り）は言葉で表せるものではなく，以心伝心，つまり心，それも仏心と表現すべきもので伝えるしかないという意味です（山川2022：25）。

②　無

　私たちは生まれた後，徐々に言葉を覚え，色々な観念を学びます。その観念は社会通念として人びとが形成したものですが，それに基づき世界を理解します。そこでは，ある人種が他の人種より優れているといった差別も生まれます。こうした観念がありのままの現実に優先し，それが現実を規定します（八木1970：48-51）。私たちは，言葉によって理解したものが，あたかも実体のように考えています。言葉による実体化が，物事への執着のもとにあります（梶山2022：41・47）。

　こうした実体化を滅ぼしていくことが「無」であり，また，悟りの世界そのもののあり方を表現しようとしているのが「無」です（竹村2014：81）。

③　真の自己＝主体としての自己

悟りにより真の自己に目覚めます。「無」は一切の分別や対象化を無化します。そのため，そこで理解された真の自己を，「〜である」とは対象化できません。「無」によって対象化されうるすべてのものが無くなった時，そこにおのずと現れるのが真の自己です。それは，私たちを生かし，私たちはそれを生きるしかできません（竹村 2014：84-87）。

④　自他不二と利他

悟りにより私と自然や私と他者との区別は無化されますが，その状態は自他不二と呼ばれます。その状態の中に，真の自己を成り立たせている「はたらき」が立ち現れます。それは大いなる慈悲と呼ばれるものです。そうであるから，禅道の修道において真に自他不二を自覚したなら，自ずと他者の悲しみ・苦しみが自己のそれとなり，他者のために何とか働こうという気持ちになり，そこに利他の実践が生まれます（竹村 2014：110）。

⑤　上求菩堤・下化衆生

厳しい修行を積み重ねて悟りを得た人は，おのずと他者を救う道に進みます。喩えれば，悟りという山の頂上に辿り着いたら，次は下りて人々に教えを広め，救済をします。これを「上求菩堤，下化衆生」といいます。ここにおいては，「他者を救いたい」というより，「救わざるを得ない」というほどの思いがあります。それが禅の大きなエネルギーであり，仏教の基本です（山川 2022：22-23）。

（2）久松真一の禅思想

1）本来的な自己

①　普遍性と単独性の構造

数珠の喩え　　禅の道を生きた哲学者・仏教学者である久松真一は，鈴木大拙が言う「超個の個」を数珠に喩えてわかりやすく説明しています。数珠は，中を貫いている一筋の糸だけでは成り立ちません。そうかといって球だけでも数珠にはなりません。中を貫いている 1 つの糸と，貫かれている珠との両方が

備わって，初めて数珠は成り立ちます。抽象的にいえば，糸という「一」は，珠という多数の「個」を貫き，多数の「個」は「一」に貫かれることにより数珠は成り立ちます。この「一」はまとめる働きであると同時に，それがあるから「個」が個として働けるようになります。これが数珠の象徴的な意味です（久松・八木・阿部 1980：60・64・135）。

　　無相の自己（形なき自己）　　中国唐の禅僧で臨済宗の開祖・臨済義玄に「殺仏殺祖」という言葉があります。これは，「仏に逢えば仏を殺せ。祖に逢えば祖を殺せ」ということですが，その意味は，たとえ仏や祖先といった大切なものでも，自分を縛るものはすべて手放せ，自由になれ，といった意味です（久松 2022：118-119）。これは，仏とか法（ダンマ）ですら実体化（対象化）しない状態であり，その状態を久松は無相の自己（形なき自己）と表現しました。無相の自己は，本来は言葉にすることができず，その状態に身を置き，それを生きるしかありません（久松・八木・阿部 1980：178-179・216）。

　無相の自己が自己と世界の根源ですから，仏にしても先祖にしても，それらが根源ということはありません（久松・八木・阿部 1980：231）。この無相の自己という根源は，数珠の喩えでいえば，個をまとめ成り立たせている「はたらき」であり，そのはたらきから，心をもった個人，分別をもった個人が生まれます（久松・八木・阿部 1980：22-23・32）。

　②　「覚」の宗教

　　根本主体である真如のはたらき　　久松真一の宗教哲学の本質は，自分自身の根本的主体を，真如（仏性，法〔ダンマ〕）の縁に従う者と捉えていることです（白井 1983：19）。久松自身の言葉でいえば「無相の自己（形なき自己）」であり，それこそが真の自己といえるものです。それは対象化して理解するのではなく，その「はたらき」の中で生きるものです。

　その「はたらき」は，利他的な無限ある慈悲の働きであり，人知を超えているがゆえに適切に言葉にすることはできないものですが，しかし，揺るぎない道を示します（白井 1983：20-22）。

　　「覚」としての「無」　　久松の宗教理解は「覚」の宗教といわれます。それ

は，数珠の喩えでいえば，全体をまとめ，個々を成り立たせている「糸」それ自身が目覚める，というものであり，無相（形なき）自己自身が目覚める，ということです。こうした目覚め（覚）が悟りであり，仏陀（覚った者）になる，ということになります（久松・八木・阿部 1980：32・70・74-75・88・90）。

2）歴史理解

数珠の喩えを続けると，ヨーロッパの中世は，数珠の糸（一）が個（多）に優越し，個（多）がおろそかにされていた時代です。そこでは神が中心であり，人間は神に依存した他律的存在でした。一方近代は，数珠の糸（一）が衰退し，個（多）がバラバラな状態になりました。社会主義はその理念により，民主主義は合意により，そのバラバラな個人をまとめようとしました（久松・八木・阿部 1980：42-59）。

これらに対して久松は，求められるポスト近代の社会と個人のあり方を数珠として説明しています。それは，数珠の糸である無相（形なき）の自己によって多様な個人がまとまり支えられている状態です（久松・八木・阿部 1980：59-67）。

（3）禅における普遍性 – 単独性の構造と機能

禅によって示される悟りの世界では，普遍性と単独性が自他不二となっています。そのため，「この世界」と「この私」も超個の個，無位の真人，無相の自己といったように，自他不二の構造として理解されます。ここにおいては，数珠の喩えのように，一本の糸として喩えられる無限のエネルギー・はたらきが，個々人を貫き，これにより，真の自己が成り立ちます。その自己は，松が松以外のものでもなく，竹が竹以外のものでもないように，私が私であることが必然として理解されます。

ここには，私が他の人である可能性はありません。しかし同時に，自らを貫いている「はたらき」は自他不二のあり方をもたらすがゆえに，また限りのない慈悲であるがゆえに，他者の痛み・苦しみがわが事と感じられます。そして，自らを貫く「慈悲のはたらき」により，おのずから，他者救済の実践が行われ

ます。これが，禅における普遍性－単独性の構造と機能です。

3　普遍性——単独性が生み出す超越的・実存的感覚

（1）超越的・実存的感覚

　普遍性の極には，神や法（ダンマ）などと呼ばれる超越的な「はたらき」があり，単独性の極には，「この私」があります。一神教においてこの2つの極の間には無限の隔たりがありますが，仏教においては普遍性即単独性といったように，それらは不可分，無差別一体の関係にあります。

　こうした違いはありますが，普遍性－単独性という2つの極があることは共通しています。この軸によって切り拓かれる世界は深い信仰や悟りを得ていなければ心底理解することはできません。しかしそれでも，それは私たちが生きている世界の真相であるがゆえに，そうした世界の一端を感じることはできます。ここでは，普遍性に感じるものを超越的感覚，単独性に感じるものを実存的感覚と表現し，その例を紹介します。

（2）普遍性が生み出す超越的感覚

1）畏敬の念

　哲学者・教育哲学者であるオットー・フリードリッヒ・ボルノーは次のように述べています。

　　「畏敬には敬うという意味での尊敬と，畏怖，つまり尊いものを傷つけたり，あるいは不躾にもそれを踏みにじったりすることを禁じる内気と恥ずかしさとがしっかりと結びついており，これを識別することができず，それ自体がすでに一切の合理的な説明を拒否する宗教的次元に根ざす概念である。」（ボルノー　1978：79）

　確かに私たちは，大自然の作用に美しさ，不思議さや神秘さとともに，その

不気味さや人力ではとうていかなわない恐ろしさをも感じています。また，人間の理性の及ぶ範囲や限界を超えたものでありながらも，自己を支えている何か大いなるものの存在に気づく時，それに対する崇敬の念とともに，棄損や冒瀆に畏怖の念を持たずにはいられません。このような畏敬の念とは，相反する両面が一体となった高次の情操であり，ここから自己の至らなさや弱さに気づき，あるいは目覚め，人間としてのあり方や生き方に対して深まりが生じると考えられます（村田 2011：76-77）。

2）包摂と感謝

　私たちは，移り変わる偶然性が支配する世界を生きていますが，偶然であるはずの出会いに「必然」を感じる時があります。また，自分の生に何か「必然的なもの」を感じる時があります。そして，それとともに，自分を包み込む慈しみを感じ，「有難い」という気持ちが湧き起こる時があります。

（3）単独性が生み出す実存的感覚

1）個人に関するもの

①　かけがえのなさ

　性質や能力といった属性ではなく，私という存在は，他の人とは代替できない唯一無二のかけがえのない存在であると強く感じる人がいます。哲学者のルートウィヒ・ウィトゲンシュタインや永井均は，このことをテーマに，「この私」の独在性について徹底的に考え抜きました（哲学しました）。その思考のプロセスの中で，「私は私に立ち現れている世界を生きていますが，私にとって，私以外の存在（他者）は，私の世界の登場人物に過ぎません。その登場人物（他者）の誰が死んでも私の世界は消滅しませんが，私が死ねば私の世界が消滅します。私と他者には，こうした根源的な違いがあり，この違いが，私の唯一性，かけがえのなさを醸し出している」（永井 1991：223-236）といった説明をしています。

　これを聞いた時，筆者は心底「そうか」と腑に落ちました。ウィトゲンシュタインや永井の思考はさらに続きます。私の唯一性をこのように説明しても，

それは他の人にも当てはまります。考えてみれば，唯一なものを複数想定した時点で唯一性は消滅してしまいます。すなわち，私は，自分を唯一無二のかけがえのなさを説明することができても，それを他者について当てはめることはできません。他者も唯一無二のかけがえのなさを有しているはずですが，それを言い表すことができないのです（永井 1991：230-235）。

②　ありのまま

臨済宗の基盤となる考えを確立した馬祖という人がいます（横田 2023：47-48）。彼によって中国における禅宗は成立したといわれる人物です（沖本 2017：38）。馬祖は「平常心是道」と説きました。この意味は，人為的なこしらえごとなく，是非や凡聖の区別もない，ふだんの「ありのまま」の心（平常心），それがそのまま「道」である，という考えです（小川 2015：81-82）。

自分ですべきことはする。その上で，できることとできないことがある。そうした「ありのまま」を肯定する（受け入れる）実存的感覚もあります。

2）私と他者に関するもの

①　一期一会

日本には茶道（元来は「茶の湯」）という芸術・文化があります。これは桃山時代に，人間至上主義，世俗万能主義に対する批判運動といえ，室町時代末期からの権力欲万能の時代潮流に対する人間性の目覚めともいえるものです（千 2003：178）。

茶道は，世俗的なものから，茶の湯の形式を借りて，そこから超克し，高雅な精神的自由な世界を演出しようとするものです（千 2003：45・167-168）。ここにおいて狭い門が，世俗的なものから高雅な精神的世界への入り口となります（千 2003：46）。

その精神的自由な世界は「一期一会」の境地であり（千 2003：57），茶道の中には岡倉天心が言うように，儒教，道教，仏教，要するに，東洋精神のすべてが内包されています（岡倉 1994：13-14；千 2003：179）。

茶道は，一般性 – 個別性という軸によって構成される世俗の世界から，門を通って，一期一会，かけがえのないこの人，かけがえのないこの私といった人

格的関係を演出するものといえます。

② 利　　他

NGO 日本国際飢餓対策機構の神田英輔は，自分が緊急援助として配給した食糧を，自分たち家族が餓死する可能性があるにもかかわらず，遠くから食糧を求めやってきた２人の子どもとその家族に分け与えた人に出会い，その経験を「自分にとって本当に大切なものを他者と分かち合えるとき，人間の『美しさ』は輝くのだと教えられた」（神田 2003：100）と書いています。

人間は，自分にとってもとても大切であるにもかかわらず，それを分かち合ったり，差し出したりすることがあります。そうした場面に遭遇すると，そこに神田のように「人間の美しさ」を感じます。こうした「美しさ」も実存的感覚の一つです。

（4）超越的・実存的感覚に基づく知恵・智慧＝倫理

1）超越的・実存的感覚

ある時代・社会の中で変化する肉体をもって生きている私たちは，様々な思い込みや欲望から完全に自由になることはできません。それでも，「向け変え」や信仰，あるいは悟りにより，そこから自由になる度合いが高まります。その高まりに比例して，まず実感されるのが，聖なる「はたらき」に感じる，畏敬の念や「包まれている，生かされている」という感覚です。次に，生きとし生けるものへのかけがえのなさ，その中におけるいのち，私，他者それぞれへの尊厳の感覚です。そして，かけがえのない人との出会いに一期一会の感覚が生まれます。また，かけがえのないものや他者のための行為（利他）に，人間の美しさを感じます。こうした超越的・実存的感覚が宗教的教養の倫理（智慧＝慈悲）を生み出します。

2）知恵・智慧＝倫理

宗教的教養における知恵・智慧は，倫理という行為，立ち居振る舞い，そして生き方を生み出します。この倫理は，神のはたらきや法（ダンマ）といった普遍的なるものが生み出す，畏敬や感謝の念，「包まれている，生かされてい

る」といった超越的感覚や，単独性が生み出す尊厳（かけがえのなさ，尊さ・厳かさ），ありのままの肯定，一期一会，利他といった実存的感覚に基づいた知恵・智慧なのです。

（5）改めて人間性について

1）普遍性 – 単独性を軸にした世界の歴史

①　『ブラッドランド――ヒトラーとスターリン　大虐殺の真実』

歴史家のティモシー・スナイダーの『ブラッドランド――ヒトラーとスターリン　大虐殺の真実』（2010＝2022）は，普遍性 – 単独性を軸にした世界の歴史を探究しています。この本は，1933年から45年までの12年間，ポーランドからウクライナ，ベラルーシ，バルト三国，ロシア西部にまたがる広大な地域で，ドイツとソビエト連邦両国が行った大量殺人についての真実を追究し，理解を深め，責任を明らかにするために執筆されています（スナイダー　2022：380）。

②　手法と倫理

この本では，殺害された人一人ひとりの物語から始めるという手法が取られています。そして，犠牲者を数字ではなく人として扱い，彼らが自分自身について語れる場合には，声を与えるようにしています。また，犠牲者の視点に立って，歴史の真実を明らかにしようとしています（スナイダー　2022：356-358）。ここには，犠牲になったかけがえのない一人ひとりの声に応えるという責任＝倫理があります。

③　嘘

1932年にはスターリンにより，1941年にはヒトラーにより大量殺人が実行されました。どちらも大きな嘘の下で実行され，破滅をもたらしておきながら，自分の選択を敵のせいにし，何万という人の死を利用して，自分の政策が必要であった，あるいは，望ましかったと主張しています（スナイダー　2022：305-306）。そして，スターリンもヒトラーも，政治家生命を全うするまで一貫して自分は被害者だと主張し続けました（スナイダー　2022：327）。

2）名　　前

　生きている人は誰もが名前を持っています。それは，決して数には還元されえない一人ひとりのかけがえのなさを象徴するものです。

　スタニスワフ・ヴィガノフスキは，逮捕された妻と「地面の下で」会うことを予期していました。2人は1937年にレニングラードでNKVD（ソビエト連邦のスターリン政権下で刑事警察，秘密警察，国境警察，諜報機関を統括していた人民委員部）によってともに射殺されました。結婚指輪のことを日記に書いたポーランド人将校はアダム・ソルスキといいました。日記は，1940年に彼が銃殺された場所，カティンで彼の遺体といっしょに掘り出されました。結婚指輪は隠したのでしょうが，処刑人に見つけ出されてしまったようです。1942年にベラルーシで父に宛てた手紙に死の穴のことを書いた12歳の少女は，ユニータ・ヴィシュニャツカです。いっしょにメッセージを残した彼女の母親はズラータという名でした。2人とも殺されました。ユニータの手紙の最後には「永遠にさようなら」「お父さんにキスを贈ります。何度も」と書かれていました（スナイダー　2022：289-290）。

3）数字を人に戻す

①　犠牲者と歴史

　犠牲者は，人生半ばでいのちを奪われました。その一人ひとりは，その死を悼む人たちを残しました。しかし，殺人者は名前ではなく数値を残しました。亡くなった後，大きな数に加えられることは，匿名性という川に溶け入ることを意味します。そうして数値の一部になることは，個性を犠牲にすることに他なりません。それは，一人ひとりがかけがえのない存在であるところから始まる歴史に切り捨てられることです（スナイダー　2022：342-343）。

②　人間性と普遍性

　『ブラッドランド』の結論のタイトルは「人間性」です。そして，その最後は次の言葉で終わっています。

　　「ナチスとソ連の聖賢は，人びとを数値に変えた。…（中略）…われわ

れ人間主義者（ヒューマニスト）の責務は，数値を人に戻すことだ。それができないとすれば，ヒトラーとスターリンは，この世界を作り替えただけではなく，われわれの人間性（ヒューマニティ）まで変えてしまったことになる。」（スナイダー　2022：345）

　スナイダーは，犠牲になった一人ひとりをかけがえのない（尊厳をもった）人と捉え，そこにある声に応える責任＝倫理に人間性を見出しています。こうした単独者を通して見出される人間性こそ普遍的なもの（普遍性）です。

　現代社会は，人びとを数値やデータに変えています。そこで人間性が知らず知らずの内に変質してしまいます。人間性とは何でしょうか。それを問い考える営みこそ，教養の根幹といえるでしょう。

4　世界の本来的なあり方

（1）真理に触れる

1）軸の移動

　教養の学びの中で，この世界の軸（中心）が，私から普遍的なもの（たとえば，神のはたらき）や大切な他者（たとえば，わが子）に移動します。これは，そうしたことを知識として得るのではなく，他ならぬ“この私”が体験するのです。その時，私に立ち現れている世界は，事実としては何も変わっていなくとも，その意味づけ・価値づけにおいて大きく変わっています。これにより世界の本来的なあり方がわかります。

2）批　　判

①　偶像崇拝

　真理・真実を基準・尺度にして，偶像が批判されます。ここにおいて，経済成長を信仰する資本主義という宗教や，データとアルゴリズムを神のように崇めるデータ教が，その対象となります。

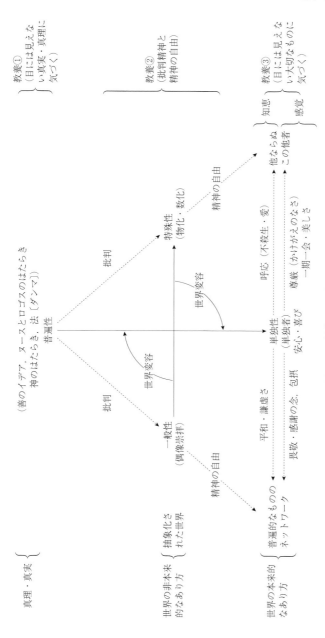

図 7 - 2　教養が切り拓く世界

出所：筆者作成。

② 物化・数化

真理・真実を基準・尺度にして，人間を物のように扱う態度・状態や，かけがえのない個々人を数に還元してしまう思考が批判されます。

3）精神の自由

真理・真実を基準・尺度とすることで，様々な思い込みや囚われから自由になり，自分の霊性，知性，理性，感性に基づく物事を判断することができるようになります。真の教養は精神の自由をもたらします。

（2）切り拓かれた世界

1）「はたらき（網）」の中の私

この世界には物理法則だけではなく，「神のはたらき」や法（ダンマ）が作動し，ネットワーク（網）を張り巡らせ，個々の人びとは，その網の結び目にある光り輝く存在（尊厳を有する存在）です。ここにおいて，「大いなるものに包まれている」といった感覚やそれに対する畏敬の念を抱きます。

2）我 と 汝

私たち一人ひとりは，この歴史の中で生を受け，その人固有の人生を歩み，そして死んでいきますが，決して同じ存在はいない，唯一無二のかけがえのない存在です。そして，そうした存在同士の関わりに一期一会を感じる時があります。

3）知　　恵

教養によって理解される知恵と感覚が，人間一人ひとりが有している尊厳，人間としての平等，一人ひとりの自由，他者への愛や慈悲，謙虚さ，不殺生，人間の美しさ，感謝の念などです。

これらを視覚化すると，図7-2となります。

<table>
<tr><td>第8章</td><td>建学の精神と心の教育</td></tr>
</table>

| 第8章 | 建学の精神と心の教育 |

1　建学の精神

（1）建学の精神の意味

1）私立大学における建学の精神の位置づけ

　帝国大学には，国家建設のための主要な人材を育成するという明確な目的がありました。一方，私立学校がどのような目的で設立されたのかを，一言で言い表すことは容易ではありません。しかし，教育社会学を専門とする天野郁夫は，「発足した私立学校に共通に見られるのは使命感，とりわけ啓蒙への強い志向である」（天野 2009：83）と述べ，国家を牽引する人材育成というよりも，人間としての成長に焦点を当てる教育に意義を見出したのではないかといった見解を示しています。この他，私立大学等の振興に関する検討会議（平成29年5月15日）における「私立大学等の振興に関する検討会議『議論のまとめ』（本文）」では，次のように述べられています。

　　「私立大学は，独自の建学の精神に基づく個性豊かな教育研究を行う機関として発展し」（1頁）てきた。
　　「各大学は，建学の精神に基づく教育によって高等教育にふさわしい教育の成果を示せているのか，経済社会の変化・ニーズ等も踏まえてどのような人材の育成を目指し，どの程度まで身に付けるべき力を備えさせたか，またそうした人材を社会に送り出すことができているか等について，自ら検証し，改善を図るとともに，学生や保護者，地域，企業等のステークホルダーに対して十分に説明できることが重要である。」（4頁）

　ここに示されている通り，特に私立大学においては「建学の精神」に基づく
教育を展開し，その成果を示すことが求められています。

2）建学の精神の意味

　「建学の精神」とは，私立学校法の観点から見れば，「私立学校の特性」と定
義できます（私立学校法第1章第1条）。そしてその「特性」とは，学祖が学校
の設立目的として挙げた精神性を指します。学校の設立にあたっては財政的な
裏付け等が十分に備わっていなければなりませんが，それらに加え，その学校
が人材育成を含めどのように社会的使命を果たそうとしているのか，その精神
論を明らかにする必要があります。その精神論こそが「建学の精神」です（木
村 2017：72）。また，日本私立学校振興・共済事業団（2014）が公開している
「大学ポートレート（私学版）」の用語辞典では，建学の精神は，「私学の創設者
が，学校開設にあたって，どのような人材を育成したいかなどの理念や気概，
願いをうたいあげたもの」と説明されています。

（2）建学の精神における「精神」

　私たちは，客観的に物事が存在し，それを人間（主観）が認識する，と理解
しています。これは近代以降の世界に対する理解の仕方です。しかし，古代か
ら中世のヨーロッパや，近代以降でもゲオルク・ウィルヘルム・フリードリ
ヒ・ヘーゲルという哲学者のように，そうした枠組みとは異なる理解がありま
した。建学の精神における「精神」を理解するためには，それらを学ぶ必要が
あります。

1）精神の意味

①　生命原理（息）としての精神

　精神は，ヘブライ語ではルーアッハ，ギリシア語ではプネウマ，ラテン語で
はスピリトゥスです。これらは，生命を生み出し，それを保つ「息」を意味し
ます。それが，宗教の文脈で捉えられると，聖霊といった聖なる「はたらき」
となります。（大橋 1998：901）。

②　ヌースとロゴスのはたらき

古代ギリシアの哲学であるパルメニデスは，この世界は生成変化するが，そうした移ろう物事は虚妄であり，その背後にある「移ろうことのないもの（不変不動のもの）」こそが，真に存在するもの（真理）であると考えました（岩田 2003：47-48）。そしてアナクサゴラスという哲学者は，それをヌースと捉え，それこそがこの宇宙を秩序化させている原理であると考えました（廣川 1989：9-10）。さらに哲学者であるヘラクレイトスは，ロゴスという世界を秩序化する原理があるが，私たちがもっている知性（ヌース）の故郷がロゴスであると考えました（日下部 2012：46）。

ヨーロッパでは人間の精神機能を，知性（ヌース）−理性（ロゴス）−感性（アイステーシス）の 3 つの働きと捉えています（坂部 1998：1065）。私たちは，それを人間の主観のはたらき，主観的なものと理解しています。しかし，古代ギリシアでは，この世界を秩序づけるものとして「ヌース」や「ロゴス」といった働きがあり，それが人間の精神の故郷と考えていました。そのため，人間の精神はそうしたものに憧れ，自らに宿っているそうした働きを顕在化するように努めました（廣川 1989：9-10；日下部 2012：46）。

③　ヘーゲルの精神

古代ギリシアの哲学者が見出した，この世界を秩序化する原理である「ヌースとロゴスのはたらき」は，ヘーゲルにおいて「精神」という言葉で捉えられるようになりました。ヘーゲルの精神（ガイスト）は実体＝主体であり，一切の対立の根底にあって，これを統一するものです。具体的には「世界史」のうちに働いて，神と人間，人間と人間，人間と自然の諸関係を貫きます（上妻 1998：905）。ここにおける主体とは，①絶え間のない自己運動を通じて自己同一を保持し，②世界に内在しており，③所与のものと思われがちなものを絶えず形成し直す働きを意味します（加藤尚武 2012：55-56）。

精神は歴史の中で潜在的に働いていますが，それは人間の欲望，衝動，好き嫌い，感情に基づく活動の中で顕在化します（ヘーゲル 1994：46）。

2）霊性とダーバール

①　霊性と精神

「知性 - 理性 - 感性」という精神機能を超えたところにあるのが霊性という「はたらき」です。霊性は，仏教の言葉でいえば，般若の叡智と大悲（無限なる慈悲）のことであり（鈴木 1999：250），知性の根源にあり，統一の原理となるものです（鈴木 1999：252）。ここにおける「統一原理」とは「意欲・意志」のはたらきでもあります（高橋 2003：21）。

宗教に基づく建学の精神における「精神」は，霊性のはたらきを含んでいるといえるでしょう。

②　ダーバールと精神

ヘブライ語のルーアッハは，息だけでなく霊という意味もあります。『ヘブライ語聖書（旧約聖書)』における解釈では，エヒイェという神のはたらきからルーアッハという命の息が生まれ，それがダーバールという言葉や出来事となって現れます（スネイス 1964：198・208-209；宮本 2012：37）。ダーバールとは神の言葉と訳されるものですが，それは歴史や人間に働きかけ，人を前へと駆り立てます。

宗教に基づく建学の精神の「精神」は，霊性の働きを含むので，それをダーバールという「はたらき」と捉えることもできると考えます。

3）建学の精神における「精神」

主観と客観という理解の根源にあるのが，上記①〜③で見てきた，生命原理としての息，ヌースとロゴスのはたらき，ヘーゲルの精神，あるいは，2）で説明した霊性や「ルーアッハ - ダーバール」です。これらは，この世界の根源ではたらいており，人間は，それが実現する「場」と理解されます。

宗教に基づく建学の精神の「精神」は，大学創設者の個人的な願いや想いではなく，ここで見てきたように，世界の根源ではたらいているものであり，それが，創設者に現われ語られていると理解できます。

4）建学の精神の「はたらき」

建学の精神には，①原理・②本質・③理念という3つの「はたらき」があり

ます。原理とは，大学を生み出し，大学が常に立ち返らなければならない原点・根源にあるものです。本質とは，その大学のアイデンティティを形成する特質です。そして，理念は，その大学が目指すものを指し示すものです。

このように建学の精神は，精神の語源にある「息」と同様，大学を生み出し，その活動を支える生命力のようなものです。

2　宗教的情操教育

宗教的教養における教育（パイデイア）の中で宗教的情操が育まれます。その理解は，宗教的教養を身につける上でとても大切なものです。

宗教的情操を育む宗教的情操教育というものがあります。これは，今日では心の教育と捉えられています。しかしながら，そこでは超越的な「はたらき」への視点を喪失しています。本節では，この辺の事情を整理します。

（1）意　　味

1）宗教教育と宗教的情操教育

宗教教育は，通常，宗派教育，宗教知識教育，そして宗教的情操教育の 3 つに分類されています。1 つ目の宗派教育は，特定の宗派・宗教のための教育であるため，私立学校では可能ですが，公立学校では禁止されています。2 つ目の宗教知識教育は，宗教に関する客観的な事項についての教育であるため公立学校でも可能であるというのが現在の一般的な見解であり，社会科教育を中心に展開されています。3 つ目の宗教的情操教育は，宗教心を育む教育ですが，これについては見解が分かれており，議論の中心は公立学校では実施は不可能であるという説と，実施は可能であるという説です（森 2014：221）。

2）宗教的情操の意味

①　情　　操

宗教的情操の情操とは，真・善・美・聖というような価値あるものに心惹かれ，それらを求めようとする高度な感情のことです。これは，怒り，憎しみ，

キレルというような一過性のものではなく，知的要素を含んだ持続的で高尚な感情です（口羽 2009：74）。

　②　宗教的情操

　宗教的情操の定義は様々です。教育学の立場から，海谷則之は「宗教的情操は〈知〉〈情〉〈意〉の複合した健全な心の状態であり，洗練された全人格的発露であるが，真の宗教的情操の具体的特質は次の6つである」として「真実を見極める叡智，安らぎ，柔軟な心，慈しみの心，慚愧の心，歓喜の心である」（海谷 2011：70）と定義しています。宗教学の立場から，家塚高志は「ある人にとって，究極的・絶対的な意味をもつ価値が志向されている場合，その価値に関わる情操を宗教的情操と呼ぶことにする」（家塚 1985：27）と定義しています。

　行政側からの定義としては「すべての宗教的情操は，生命の根源に対する畏敬の念に由来する。…（中略）…このような生命の根源すなわち聖なるものに対する畏敬の念が真の宗教的情操であり，…（中略）…真の幸福もそれに基づく」（1966年に発表された「中央教育審議会答申の別記」として発表された「期待される人間像」）というものがあります。

　これらの定義を踏まえ，ここでは宗教的情操を「聖なるものに関わることで生じる情操」と簡素に捉えておきたいと思います。この宗教的情操の中で生じる感覚が第7章で説明した超越的・実存的感覚です。

（2）変　　遷

1）聖なるもの

　哲学者・教育学者である天野貞祐は，1953年に『国民実践要領』を発表します。その「第1章　個人　（16）敬虔」に「われわれの人格と人間性は永遠絶対なものに対する敬虔な宗教的心情によって一層深められる」（天野 1970：397）と記しています。この「宗教的心情」は「宗教的情操」のことです。

　この考えの延長にあるのが，1966年に公表された中央教育審議会答申別記「期待される人間像」です。そこにおいて宗教的情操は，「生命の根源すなわち

聖なるものに対する畏敬の念が真の宗教的情操であり」と語られています。

　また，教育哲学を専門とする村田昇は，「宗教的情操とは，端的には聖なる
ものを志向する価値感情と言える。宗教的情操の涵養とは…（中略）…大自然
の包み込む大いなるもの，生命のもつ神秘さ，偉大な芸術作品や誰からも感動
を呼ぶような人間の行為の根底にある崇高なもの，人間の理性の及ぶ範囲や限
界を超えながらも人間の存在を支えている大いなるものに目を向け，人間とし
ての自覚をより深めていくものを目指すもの」（村田 2011：75）と述べていま
す。

　これらが示すように，この段階では宗教情操教育は，聖なるものを志向する
気持ち（情操）と捉えられていました。

2）人間の力を超えたもの

　1969年の『中学校指導書　道徳』の執筆に関わった佐藤俊夫は，宗教的情操
について次のように述べています。

　　　「世界に古今東西，ほとんど無数といってよいほどにさまざまな宗教が
　　あり，そして宗教と名のつく以上，それぞれに独自な教義や儀礼や道徳を
　　掲げている。しかし，外見や内容のそれぞれに違いはあっても，それらの
　　基底にはなにか共通したものが一貫しているはずである。それが宗教的な
　　心持ちであり，宗教的情操というものである。…（中略）…神とよばれ仏
　　とよばれるものは，無限・永遠・絶対・窮極その他，一言にしていえば，
　　『人間の力を超えたもの』への畏敬と敬虔の具現化に他ならない。」（佐藤
　　1969：109）

　ここでは特定の宗教ではなく，各宗教の基底にある共通した宗教心を宗教的
情操と捉え，そしてそれは，「人間の力を超えたもの」への畏敬と敬虔の具現
化と理解しています。

　しかしながら，佐藤が生命について語る時，生命の根源となる「永遠絶対的
なもの」や「聖なるもの」の存在が前提ではなく，「生命」それ自体が畏敬の

対象と位置づけられています。こうした見解は，その後の学習指導要領の基調となっていきます（貝塚 2010：46-47）。それは，天野が示した超越的な聖なるものとの関係を喪失した宗教的情操となります。

3）「心のノート」と生命尊重

①　「心のノート」の立場

2002年度から全国の小・中学生に「心のノート」が配布されました。そこには，①生命は自分のものであるが，「それは与えられた」という意味で，自分だけのものではないという「与えられたいのち」観，②人間の生命は宇宙や自然や人間を超えた「大いなるもの」と通じ合うという「通じ合ういのち」，③いのちは輝かせることが使命・目的とされる「輝くいのち」観という３つの性質を有しています（弓山 2009：240-241）。「心のノート」では，宗教を介さず，祖先，「大いなるもの」「人間の力を超えたもの」に想いを馳せる心情を養うことが期待されています（弓山 2007：230-231）。

「心のノート」の立場は，「聖なるもの」や「永遠絶対的なもの」の存在・はたらきを前提とせず，生命尊重は，具体的な人間や動植物の生命を大切にするという点に焦点が合わされていくことになりました（貝塚 2010：54；岩田 2007：92）。

②　宗教性の喪失

2006年に改正された教育基本法の第２条４項では，「生命を尊び，自然を大切にし，環境の保全に寄与する態度を養うこと」とされ，学校教育法第21条２項では，「生命及び自然を尊重する精神並びに環境の保全に寄与する態度を養う」とされています。ここでは，「畏敬」という言葉が「尊ぶ」や「大切にする」という単純な表現に置き換えられることで，「宗教情操」の意味が「平板化され脱宗教化」されています（貝塚 2010：54-55）。

3　宗教情操教育と建学の精神

（1）聖なる「はたらき」の回復

　感情は移り変わります。善，美といわれる価値も相対的であり，真でさえ科学の歴史をみると絶対的とはいえません。そうした中，聖という価値があります。これは一神教が神という言葉で言い表そうとした絶対的，別格な価値のことです。宗教的情操とは，聖という価値に触れ，敬虔な気持ち，畏敬の念，厳かな気持ち，時に心が洗われるように思う気持ちのことです。

　宗教情操教育の本質は，生命や自然など，経験的に感じる畏敬の念などを通して，そうした経験を生み出している聖なる「はたらき」へと心を向け変えるところにあると考えます。

（2）形而上学的な「はたらき」への拡大

　宗教により生まれた建学の精神の学びの中心は宗教情操教育となります。建学の精神の学びにより，心の向け変え（ペリアゴーゲー）がなされることで，そこには聖なる「はたらき」とは別の超越的な「はたらき」に出会う可能性が生まれます。それは「ヌースとロゴスのはたらき」です。

　「ヌースとロゴスのはたらき」は，宇宙・自然・世界，物事を生み出し，秩序づける「はたらき」であり，このはたらきにより人間の知性と理性が生まれます。建学の精神の学びは，「ヌースとロゴスのはたらき」といった形而上学的な「はたらき」へと思考を拓く学びとなる可能性を秘めています。

4　建学の精神と「心の教育」

（1）道徳教育

1）道徳と倫理

　道徳という語にあたる英語のモラル（moral）は，ラテン語の mores（mos）

に由来します。それは，慣習，風俗を意味する言葉です（小寺 2016：1）。ラテン語の mores（mos）は，古代ローマの哲学者であるキケロが『運命について』の中で，「倫理的」（ethical）を意味する "ēthikós" を "mōrālis" と造語・翻訳したことが元になっているといわれています。ēthikós も慣習，風俗，風習といった意味を持つ "êthos"（エートス）に由来します（生澤 2019：3）。語源から見れば道徳も倫理も違いはありません。あえて違いをいえば「倫理は道徳の理論」であり，「道徳は倫理の実践」といえます（小寺 2016：3）。

2）道徳性の教育

道徳教育には大別すると次の2つがあります。

① 規範の習得としての道徳教育

社会を成り立たせている社会規範の習得を目的とするものが，規範の習得としての道徳教育です。これは社会に個人を順応させる教育観ですが，道徳規範の習得は，個人が社会で暮らす上では有益（得）にもなります（小寺 2016：6）。とはいえこの立場は，社会全体を重視する立場といえるでしょう。この立場から，国家のための戦争を肯定する道徳教育も成り立ちます。

② 人間性の涵養としての道徳教育

人間には人間の本性といえる「人間性」があります。人間性としてしばしば理性が取り上げられますが，思いやり（共感の能力）や慎み深さ（謙虚さ）も人間性といえます。こうした人間性を涵養するものが人間性の涵養としての道徳教育です。これは陶冶としての道徳教育といわれます（小寺 2016：7）。この立場は，個人（人格）を重視した立場といえます。

3）考え議論する道徳

小学校では2018年度から，中学校では2019年度より完全に実施された道徳科では，「読む道徳」から「考える道徳」「議論する道徳」へと舵が切られました。特定の価値観を押し付けたり，主体性をもたずに言われるがままに行動するのではなく，「自分ならどうするのか」「よりよい解決策はないか」「他の解釈の仕方はないか」を考え，他者と議論をしながら，善悪，規範について学んでいくものです（荒木 2019：211-212）。

図 8 - 1　心のありか
出所：筆者作成。

（2）心の教育

1）ロゴス（論理）を軸にした道徳教育

　学校教育では学力（知）・心（徳）・身体（体）を育てます。宗教情操教育は心（徳）を育てる教育ですが，その本質は，超越的な聖なる「はたらき」へと心を向け変えることです。しかしながら，現在の心の教育は，宗教的なものが見失われ，道徳教育として行われています。先に述べたように，「考える道徳」「議論する道徳」は「ヌースとロゴスのはたらき」といった超越的な「はたらき」を喪失した，ロゴス（論理）を軸にした心の教育，すなわち，論理を使って考えたり議論したりする道徳教育といえます。

2）心とは何か

　さて，ここで「心」について考えてみましょう。心とは，脳と，それぞれの人が生きている環境・経験との相互作用によって形成される，その人に立ち現れている世界で思い感じること，考えること，意思・意志などの総体のことです。私には私の世界が立ち現れており，そこに心があり，他者にも世界が立ち現れており，そこに心があります。図8-1のように，2つの世界が重なっている部分が，わかり合えることです。しかし，誰にもわからない私の心もありますし，私にはわからない他者の心もあります。

3）心の教育──道徳教育と宗教情操教育の統合

　従来の心の教育には，宗教情操教育と道徳教育があります。前者の意味は時代によって変化してきましたが，その本質は，超越的な聖なる「はたらき」を前提にした宗教情操を涵養する教育です。一方，後者は，それぞれの時代の中

で形成される価値規範についての学びや，それらについて考え・議論すること
で自ら価値規範に気づくよう促す教育です。

　こうした心の教育に対して，これまでの考察を踏まえるならば，次のような
心の教育を構想することができます。それは，まず超越的な「はたらき」へと
心を向け変えます。そこには聖なる「はたらき」と「ヌースとロゴスのはたら
き」があります。前者からは，愛・慈悲や尊厳について，後者からは，平等・
正義そして権利などについて学ぶことができます。

（3） 建学の精神と心の教育

1） 横と縦の関係で形成される心

　前述したように，「心とは，脳と，それぞれの人が生きている環境・経験と
の相互作用によって形成される，その人に立ち現れている世界で思い感じるこ
と，考えること，意思・意志などの総体」のことです。ここで「環境・経験」
といったものには，横の関係と縦の関係があります。前者は，私と他者との関
係であり，そこで生じる経験のことです。一方，後者は，超越的な「はたら
き」と私の関係であり，そこで生じる経験のことです。

　宗教情操教育は，縦の関係の中で生じる情操についての教育でした。そこで
は聖という価値に触れ，敬虔な気持ち，畏敬の念，厳かな気持ち，時に心が洗
われるように思う気持ち（情操）を養うことが目指され，敬虔，畏敬，厳かさ
といった心が涵養されます。一方，道徳教育は，水平の関係の中で生じる心の
教育です。そこでは，善悪などの価値規範について，他者と対話・議論するこ
とで，考える力・批判・吟味する力（心）が養われます。

2） 道徳教育再考

　宗教情操教育は，聖という価値に基づき道徳教育を展開しようとしました。
しかし，今日の道徳教育は，神のはたらきや法（ダンマ），また，ヌースとロゴ
スのはたらきを喪失し，生命尊重や考え議論する力を養う，水平の関係におけ
る道徳教育となっています。

　しかしながら道徳が，「人間存在のあり方およびその行為に関する規範的な

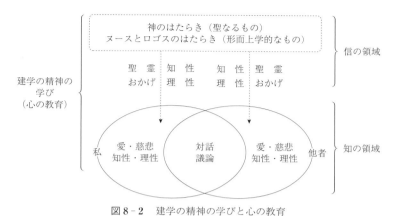

図 8 - 2　　建学の精神の学びと心の教育

出所：筆者作成。

枠組み」「行為規則や善悪の価値基準」を形成するもの（加藤 2012：938）であるならば，神のはたらきや法（ダンマ），また，ヌースとロゴスのはたらきといった超越的な「はたらき」との関係（垂直の関係）は不可欠となります。そのため，道徳教育を超越的な「はたらき」との関係の中で再考する必要があります。

3）建学の精神の学びと心の教育

　縦と横という 2 つの関係で理解される心の教育が建学の精神の学びです。それは，「神のはたらき」や「ヌースとロゴスのはたらき」といった縦の関係で形成される心と，その関係を基盤にした「他者との関係」といった横の関係の中で形成される心，その双方の心の涵養を図ります。このうち「神のはたらき」や「ヌースとロゴスのはたらき」は信の領域に属するものであり，心の領域において理解されるものは知の領域に属します。それを視覚化すると図 8 - 2 となります。

（4）建学の精神の学び
1）「精神の内容」の学び
　建学の精神の学びとは，一般的には，各大学で掲げられている精神（理念）

を学ぶことを意味します。たとえば，関西福祉大学の場合は，人間平等・個性尊重・和と感謝という3つが建学の精神として掲げられていますから，建学の精神の学びは，それらの意味について理解したり，その精神（理念）を自分の生活や人生の中に位置づけ，学生が考えたりします。

　ここにおいて学生，教職員は，時代を超えた，言い換えれば，普遍的な知恵・智慧に触れることで人間性を涵養することができます。

　2）想いに応える

　人は，時に，どうしても伝えたい思い，引き継いでほしい願いを持つことがあります。たとえば，長崎と広島で被爆した人の「二度と戦争をしないでほしい」という願いや，いじめでわが子を亡くした親の「いじめを無くしてほしい」という思いなどです。人と人によって構成される社会において，こうした思い・願いに応えることは，人間として，また，社会においてとても大切なことです。

　建学の精神の学びは，その内容についてだけではなく，「切なる想い・願いに応える」という，人として大切なことの学びでもあります。そこには「切なる想い・願い」に想いを馳せる想像力，それに応えるという「倫理（人として善いこと）」があります。

　3）目には見えない尊いもの・大切なもの（普遍的なるもの）への気づき

　私たちの生活の基盤には経済があります。それは，人間の欲望が需要になり，それに対する供給をすることで，利益を目指す仕組みとなっています。そこではより多くのものが「お金」を媒介として，目に見える物やサービスとして提供されます。そして，「お金」や「安くて良い物」が価値となります。またここでは，様々な物やサービスを開発することで人の欲望が刺激されますが，それらは移り変わるものであり，新しいものはすぐに古くなります。

　こうした仕組みに対して建学の精神は，「ヌースとロゴスのはたらき」，神のはたらき，法（ダンマ）といった目には見えない尊いものや，そこから生み出される知恵・智慧や価値規範といった目には見えない大切なものへの気づき，学びとなります。それは価格（お金）には換算できないもの（プライスレスな価

値），「普遍的なるもの」への学びでもあります。

4）心を育む

　私たち一人ひとりに世界が立ち現れており，その世界は，様々な思い感じること，思考，意思・意志の総体である「心」に彩られています。このことを，私たちは「人間には心がある」と表現しています。にもかかわらず，大学における教育の多くが「知」の習得に関するものであり，「心」に関するものは多くはありません。建学の精神の学びは「心」を育むものとして貴重・重要なものです。

第Ⅱ部　教養における根源的テーマ

1 いのちとは何か

　仏教は悟ることにより，法（ダンマ）は「いのちそのもの（形なきいのち，純粋生命）」であることに気づきました。それは，仏教が気づいた智慧です（玉城1993：1-2）。「いのちそのもの（形なきいのち，純粋生命）」は，キリスト教では神の息吹（プネウマ）と呼ばれます（玉城 1993：21-22）。

　全宇宙を貫いている法（ダンマ）＝いのちそのものは，個体の「いのち」を生み出しますが，それはいのちそのものの「はたらき」に包まれ，そして，その「はたらき」の下につながっています。以下，諸学門ならびに宗教の知見を踏まえ，そのことを確認します。

（1）物 理 学

　まず，物質的世界における「いのち」について説明します。

　自然界を支配する最も基本的な物理法則に，「宇宙のエントロピー（無秩序の度合い）」は常に極大に向かって増加する」（熱力学第二法則）があります。量子力学の確立に大いに貢献したエルヴィン・シュレーディンガーは『生命とは何か』において，「生命をもっているものは崩壊して平衡状態になることを免れている」と，「生きる」という生命現象そのものが，熱力学第二法則に矛盾することを指摘しました。生物は死んでバラバラに分解される時だけ，第二法則に合致するというのです。そして，この矛盾を，「生物体は，"負エントロピー"を食べて生きる」と，解き明かしました（中沢 2014：70-71）。

　動物は，他の生物またはその一部（高度な秩序体であるためエントロピーが小さ

図9-1　物質的世界におけるいのち

い）を摂取して，秩序の壊れた物（エントロピーが大きいもの）を排泄し，差額の「負エントロピー」を摂取することで，自らのエントロピーを小さく保ちます。図で表すと図9-1となります（中沢 2014：72）。

　動物であれ植物であれ，食物（他の生物またはその一部）の摂取と排泄を繰り返すことによって，自分自身のエントロピーを小さく保つことが「生きる」ことです（中沢 2014：73）。

（2）　生物学──つながっている生命

　2001年にノーベル生理学・医学賞を受賞した遺伝学者，細胞生物学者であるポール・ナースは「自然淘汰による進化がもたらす重大な結論は，なんといっても，すべての生命が同じ先祖で『繋がっている』ということ。生命の樹をさかのぼってゆくと，枝はどんどん太い枝に合流していき，最終的に一本の幹になる。だから，われわれ人間は，地球のすべての生命体と縁続きという結論になる」（ナース 2021：93）。また次のようにも述べています。

　　「地球上の生命は1つの生態系に属している。そこには，あらゆる生き物が組み込まれ，相互にあまねくつながっている。このつながりは本質的なものだ。それは相互依存の深さだけでなく，あらゆる生命が共通の進化のルールを通して遺伝的に親戚であることによってもたらされる。
　　…（中略）…19世紀初めの探検家で博物学者のアレクサンダー・フォン・フンボルトは「あらゆる生命は，全体がつながったクモの巣のようなもの」と主張した。こうした相互のつながりこそが，生命の中核なのだ。」
（ナース 2021：243-244）

（3）哲　　学

1）古代ギリシアの生命観

① 　プシュケーとソーマ

　古代ギリシアにおいて生命という言葉にはプシュケーとソーマの２つがありました。前者は，魂・心・精神という意味で，後者は物質的で肉体・身体という意味です（中川 1998：928）。

　プラトンに『パイドン──魂の不死について』（1998年）という作品があります。そこでは，死とは，魂（プシュケー）と身体（ソーマ）が分離し，魂が単独に存在していること（プラトン 1998：30），身体に魂が生じると生きたものになることが述べられています。魂は不死であるというのがプラトンの考えです（プラトン 1998：146-148）。すなわち，魂（プシュケー）がいのちを生み出し，生命活動を支える原理とプラトンは考えました。

② 　ゾーエーとビオス

　古代ギリシアには，ゾーエーとビオスという生命観もありました。ゾーエーとは，「ありとあらゆる生き物の生」「限定を持たない，個体の分離を超えて連続する生命，個々のビオスとして実現する可能態としての生命」「生あるもの一切に共通の〈生きている〉という単なる事実」のことです。一方，ビオスとは「ある特定の生の輪郭，特徴的な表情が，要するに，ある実存と他の実存を区別する外観が明らかになる生」「特定の個体の有限の生命，もしくは生活」「これこれの個人や集団に固有の〈生の形式〉」のことです（廣野 2016：29）。

2）いのちの現象学

　一人ひとりのビオス（生命）を，現象学という哲学の一つの立場から明らかにしているのが哲学者のミシェル・アンリや斎藤慶典です。

　ミシェル・アンリは，〈いのち〉の「現われ」があり，その中から世界が現われると考えます（武藤 2012：201）。その世界において，私は自分自身を感じ取ります。そうした私が世界に様々な意味や価値を与えます。私も，私に立ち現れている世界も，〈いのち〉の中にある限りにおいて，生き，存在しているのです（武藤 2012：203-207）。アンリの哲学（現象学）は，自らの根拠である

〈いのち〉を忘却し，外部の客観的世界こそ真の実在という思い込みを批判しています。

　斎藤慶典は，「生命」とは，現出（現象すること）を通じて自己を形成し，当の自己を維持・再生する運動と捉えます（斎藤 2014：1）。現象するとは，それに形・秩序を与えることで，世界を立ち現れるようにすることです。生命とは，個体と環境の相互作用によって，その形・秩序を形成していく運動なのです（斎藤 2014：152・154）。

（4）宗　　教
１）ウパニシャッドの哲学（古代インドの宗教思想）
①　アートマンと輪廻転生
　インド最古の文献である『リグ・ヴェーダ』は，紀元前1200年頃に完成したといわれています。そのヴェーダ文献の最後に位置するのが「ウパニシャッド」文献です。その中の一つである『プリハッド・アーラニヤカ・ウパニシャッド』には次のような記述があります。

　　　「人間が老いや病気によって衰弱死，まさに息を引き取ろうとしている時，すべての生気はアートマンの周りに集まります。ここでいうアートマンとは，個人の身体の中に宿っている生命的な息としての自己です。アートマンが意識不明になり，見ることも，語ることも，考えることも，認識することもできなくなった時，このアートマンは身体の外に出ていきます。そして，良いことを行った人間は良い人間へと生まれ変わり，悪いことを行った人間は，悪い人間へと生まれ変わります。」（森岡 2020：137-138）

②　息の重要性・根源性
　高崎直道は，アートマンは呼吸するという動詞（at）に由来し，気息および生命の根源と考えられ，ひいては自己を意味したと述べています（高崎 2010：68）。

　ウパニシャッドの哲学においては，人間にとって思考よりも息の方が卓越するという生命観がありました。そして，人間の生命だけでなく，あらゆる生命をその根底において生かしているものは「息」であるという思想がありました。『ウパニシャッド』や，それに先立つ『リグ・ヴェーダ』に見られる「息としてのアートマン」は，古代ギリシアや古代キリスト教などの地中海世界に広がる気息的生命観の原初的な形を用意するものであったと考えることができます（森岡 2020：140-141）。

2）仏　　教

①　『般若心経』――いのちという全体

　『般若心経』を含む『般若経』は，仏教経典史上初めて「大乗」を宣言した初期大乗仏教の経典です（植木 2021：50）。般若とは，涅槃（煩悩を消し，智慧が完成した悟りの境地，一切の悩みや束縛から脱した，安楽の境地）完成のための実践的な智慧のことです。ここにおける智慧は「五蘊（物質・精神より成る人間存在の５つの局面または構成要素）はみな空である」ということです。簡略化していえば，私たちが実体と理解しているものは，「関係性の中で仮に現れた現象に過ぎない」ということです（玄侑 2006：32-33）。

　小説家，臨済宗の僧侶である玄侑宗久は，ここにおける空を「いのち」という全体と捉えています（玄侑 2005：83-90）。そして，「いのち」は，この世に生命が誕生して以来途絶えることなく営まれている生命力であり，般若という智慧は，「いのち」への気づきと述べています（玄侑 2006：154-157）。

　般若心経という呪文を唱えると，そこで発せられる言葉が「響き」となって，全体としての「いのち」に直接働きかけます。そして，私の命と全体としての「いのち」が響き合い共鳴する状態になり「空なるいのち」に包まれます。ここに「慈悲」という概念が生まれます（玄侑 2006：166-173）。

②　「大いなるもの」の経験

　山田無文老師という臨済宗の僧侶がいます。修行僧として住み込みで修行をしながら大学に通っていましたが，結核になり死を待つばかりの状態になったことがあります。その時「自分はこれまで十何年，自分で生きてきたと考えて

いたけれど，そうではなかった。私は忘れていたけれど，空気というものがちゃんと酸素を供給してくれた。大事な食物をいただいて栄養を摂ってきた。私は自分で生きてきたのではない。生かされて生きてきたのだ」ということに気がついた。そこで次のような和歌を作ったというのです。

　おおいなる　ものに抱かれて　あることを　けさ吹く風の　涼しさに知る

　仏教学者である秋月龍珉は，ここに読まれている「大いなるもの」に注目し，それは宗教者が「宇宙の生命」「神」「阿弥陀仏」「大日如来」といった，いわば何らかの「絶対者」のことと指摘しています（秋月 2001：179-180）。

３）キリスト教──神のはたらき＝永遠のいのち

　イエスが宣べ伝えた「神の国」は，「復活信仰」成立後の原始キリスト教においては「生命（いのち）」あるいは「永遠の生命」と言い換えられていきました（大貫 2006：288）。新約聖書における生命（いのち）には，プシュケーとゾーエーという言葉が当てられています。明確に区別されているわけではありませんが，原則，プシュケーは，人間の誰もが衣食住によって今現に生きている「命」を指します。これに対してゾーエーは，「狭き門」を通って入るべき「命」「永遠の生命」を指します。私たちの命（プシュケー）は，ゾーエーでもあります。それに目覚めるのが「全時的今」という宗教的体験，啓示の体験です（大貫 2006：288-290）。

（5）文　　学

１）『葉っぱのフレディ──いのちの旅』

　『葉っぱのフレディ』では，フレディという名前の葉っぱが「ぼく　死ぬのがこわいよ」と言います。すると別の葉っぱ（ダニエル）がフレディに言います。

　　「まだ経験したことがないことは，こわいと思うものだ。でも考えてご

らん。世界は変化しつづけているんだ。変化しないものは，ひとつもない
んだよ。春が来て夏になり秋になる。葉っぱは緑から紅葉して散る。変化
するって自然なことなんだ。きみは，春が夏になるとき，こわかったか
い？　緑から紅葉するとき，こわくなかったろう？　ぼくたちも変化しつ
づけているんだ。

　　死ぬということも，変わることの一つなのだよ。」(バスカーリア 1998)

　この絵本は，葉っぱ一枚一枚のちがい（かけがえのなさ）や"いのち"は永遠
に生きていることを語っています。

２）「ナイルの水の一滴」

　志賀直哉の最晩年に「ナイルの水の一滴」という文章があります。

　　「人間が出来て，何千万年になるか知らないが，その間に数えきれない
人間が生れ，生き，死んで行った。私もその一人として生れ，今生きてい
るのだが，例えて云えば悠々流れるナイルの水の一滴のようなもので，そ
の一滴は後にも前にもこの私だけで，何万年遡っても私はいず，何万年経
っても再び生れては来ないのだ。しかも尚その私は依然として大河の水の
一滴に過ぎない。それで差支えないのだ。」(志賀 1999：127)

　ここでは，「いのちそのもの」は悠々流れるナイル川として，「私のいのち」
はほんの一滴として語られています。ただし，その一滴は「何万年遡っても，
何万年経ても再び生まれて来ない」という，唯一無二，１回限りの存在です
（竹内 2017：225）。

（６）いのちとは何か

１）生命といのち

　私たちは「いのち」によって生かされています。あるいは，「いのち」を生
きています。その「いのち」に対して，「いのちとは何か」と対象化します。

こうして理解されるいのちを，仏教学者の横山紘一は「生命」と表現しています（横山 2011：130-131）。

2）私の「いのち」と「いのちそのもの」

悟った時に理解されるこの世界の真理は，比喩的に表現すれば，「いのちそのもの（形なきいのち，純粋生命）」が世界（宇宙も含む考えられるものすべて）を生み出し，その世界に関係の網（縁起）を張り巡らせている，というものです。関係の網の「はたらき」は，まず肉体（それが胎児）を与え，次いで息吹・呼吸を与えます（玉城 1997：213-214）。こうして，個体の「いのち」＝生命が生まれます。個体の肉体が息吹の「はたらき」を維持できなくなる（呼吸ができなくなる）時に個体の死が訪れます。

「いのちそのもの（形なきいのち，純粋生命）」はキリスト教では「永遠のいのち」と呼ばれ，古代ギリシアではゾーエー（個体のいのちはビオス（bios），これはバイオ（bio）の語源）といわれました。

このようにいのちには，「いのちそのもの」と「個体のいのち」があります。これが「いのち」です。

3）私の「いのち」のかけがえのなさ

「いのちそのもの」という普遍的なはたらき＋私の肉体という特殊なもの＝私の「いのち」です。宗教によっては，「死んでも私のいのちは霊として存続する」と考えます。それは科学では検証できませんので，信じるか否かの問題です。しかし，私の「いのち」は決して蘇りません。また，人類が生まれてから，この地上に無数の「私のいのち」と呼ばれるものが生まれては死んでいきましたが，同じものは一つもありません。そこには比類のない唯一性，かけがえのなさがあります。

4）私の「いのち」がある場所

関係の網の中で働いている「いのちそのもの」の力は，個体の肉体（胎児）そして息吹・呼吸を与えることで，私の「いのち」が誕生します，そして，そこに私の世界が立ち現れます。その私のあり方を上田閑照は「私は，私ならずして（私なくして），私である」と表現します（上田 2000：15）。「私ならずして」

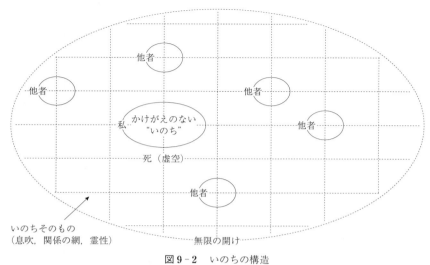

図9‐2　いのちの構造

出所：筆者作成。

とは，仏教でいえば「空」と同じく，私（我）を無にする作用です。それにより私は「限りない開け」に開かれます（上田・八木 2010：127）。それは私に立ち現れている世界を包み込む「死」であり虚空とでも表現すべきものです（上田 2000：20-21・141；2007-a：65）。

「私ならずして」という作用を失うと「私は私」となり，世界や他者から自らを閉じてしまいます。そして煩悩に執着し不安を覚えます（上田 2000：15・153）。言い換えれば，「私ならずして」という作用を経ることにより世界や他者へと開かれた本来の自己になることができます（上田 2000：39-40・141-143）。

私に立ち現れている世界と，その外部である死（虚空）の世界とを流通する気流のようなものが「霊性」として感じられます。

以上を視覚化すると，図9‐2となります。

2　なぜ, いのちは大切か

（1）生物学的観点

1）保存という「はたらき」

　個体は自己保存を求め, また, 種も保存を求めます。こうした保存しようとする「はたらき」が, いのちは大切という欲求, 感情, そして価値観を生み出すと考えられます。

2）生命・生への畏敬

　「いのち」は生きようとしています。そうした意志に対して私たちは「生命・生への畏敬」という信念・理念を持ちます。これが「生命の維持・促進は善であり, 生の破壊, 毀損, 阻害は悪である」といった道徳的なものの根本原理を与えます（シュヴァイツァー 1957：24-25）。いのちの「生きようとする意志」も, いのちは大切という価値観を生み出すと考えられます。

（2）日常の観点

1）死にたくない

　多くの人が「死にたくない, 生きたい」と思っています。この気持ちが「いのちは大切」という価値観を形成している1つの要因と考えられます。

2）自分や他者が「大切」という思いがある

　私たちは, 家族や恋人, 友人のことを大切に思っています。その人たちが生きているのは「いのち」があるからです。ゆえに, いのちは大切となります。

（3）社会の観点

　ハンナ・アーレントという哲学者は次のように述べています。

　　　「近代は, 世界ではなく生命こそが人間の最高善であるという仮定のもとで生き続けた。…（中略）…近代精神に満ちた思想家たちは, …（中略）

　…生命は一切のものに優越するという観念は，すでに彼らにとって『自明の真理』の地位にあった。そして，そのようなものとしてのこの観念は，私たち現代の世界にも生き続けている。」（アーレント　1994：494-495）

「なぜ，いのちは大切なのか」という問いには，いのちを最も大切と考える時代・社会に生きているから，と答えることができます。

（4）哲学的教養の観点

　死に逝く人の視点（善のイデア）から世界を眺めた時，世界の真の姿が顕現します。その世界は比類なき唯一性を持ったかけがえのないものです。

　人類が誕生してから今日まで，数えきれない「いのち」が生まれ，そこでそれぞれの世界が立ち現れていました。しかしそのどれも，私に立ち現れている世界とは違います。

　哲学的教養といった観点からみた場合，私に立ち現れている世界の比類なき唯一性，そこにあるかけがえのなさ，これがいのちの大切さの感覚を生み出している，と考えます。

（5）宗教的教養の観点

　私たちは「いのちそのもの」を「聖なるもの」と呼びます。それは，日常の価値とは次元の違う別格な価値，尊さ・厳かさのことです。聖なる「いのちそのもの」から「私のいのち」は生まれているがゆえに，私のいのちの中核にも聖性が宿っています。それゆえ，私たちは「いのち」に対して，日常の価値とは次元の違う別格な価値，尊さ・厳かさを覚えます。これが，いのちを大切に思う根本的な理由であると考えます。

3 いのち・生の被贈与性

（1）贈られたものとしてのいのち・生

1）支配しようとする欲望

　人間は，自然を征服し，人間にとってより安全な環境を手に入れるために，科学技術や知性を進歩させてきました。そうした欲望は，自然だけではなく，他者そして社会を支配してきました。そして現代では，経済的に恵まれた親が「自分の望み通りの子どもをもち，競争社会を勝ち抜くことができるよう子どもを武装させる」という欲望（リベラル優生学）を可能にする技術が実現しつつあります（サンデル 2010：82）。

2）いのち・生の被贈与性

　筆者の子どもが幼稚園に通っていた時，園長先生の講話に，「子どもは天からの授かりもの」とよく言われますが，「子どもは天からの預かりものです」というものがありました。子どもは，天から贈られた「預かりもの」であり，決して親の所有物ではなく，天あるいは社会にお返ししなければならない存在，といった意味です。夫婦で，とても納得し，今でも覚えています。哲学者のマイケル・サンデルは，これを「いのち・生の被贈与性」と言っています（サンデル 2010：30）。

　いのち・生の被贈与性を承認することは，自分たちの才能や能力は，完全に自分たちのものではない，ということを承認することです。この点が理解されるならば，過度な支配しようとする欲望に制限がかけられ，ある種の謙虚さが生まれます。それは，部分的には宗教的感性ですが，それは，宗教を超えたところにまで達し，共鳴を呼ぶものです（サンデル 2010：30-31）。

（2）被贈与性が生み出す道徳

　いのち・生の被贈与性は，謙虚・責任・連帯といった道徳の輪郭に影響を及ぽします。

1）謙　　虚

支配・コントロールがもてはやされている世の中において，子育ては謙虚さを学ぶ格好の機会です。私たちの望み通りの性質を子どもが備えるように選ぶことはできません。しかし，この事実を通して，親は招かれざるものへの寛大さを教えられます。そうした寛大さは家族の内部だけでなく，より広範な世界の中でも受け入れられてしかるべき性向です。それによって私たちは不測の事態を引き受け，不和を耐え忍び，支配・制御への衝動を抑え込むことができます。すなわち，自らの才能や能力は完全には自分の行いに由来しないという認識こそが，私たちの自惚れへと陥る傾向を制御するのです（サンデル 2010：90-91）。

2）責任と連帯

私たちの存在の根底に被贈与性がある，ということは，自分ではどうすることもできないことがあり，責任を負えないことがある，ということです。互いに自分ではどうにもできないことがあるから，そうしたことから生じる不測の事態に備え保険の制度が生まれ，リスクを負担し合ってきました。しかし，被贈与性の感覚が弱まり，より多くのことが，その人の選択によってなされたとみなされると，不測の事態に対して「それは自己責任」と認識され，連帯は弱まってしまいます（サンデル 2010：91-94）。

自分の天腑の才能は偶然であるという被贈与性の理解は，能力主義社会において，成功は有徳さの証であり，裕福な人びとは貧困の人びとよりも一層の富を享受するに値する独善に似た思い上がりを防いでいます（サンデル 2010：96）。

<table>
<tr><td>第10章</td><td>生と幸福</td></tr>
</table>

1 哲学的教養の観点

　プラトンは善のイデアという視点を持つことにより，世界の真の姿が理解されると考えました。哲学的教養によって目指されることは，世界の真の姿の認識を可能にする視点の獲得です。哲学的教養は，「生きる」ということについて，善悪，正不正といった価値規範の次元ではなく，真という次元において理解を深めることを可能にします。ここではバールーフ・デ・スピノザとフリードリヒ・ニーチェを通して，そのことを示したいと思います。

(1) スピノザ

1) 第三種の認識

　私が生まれてきたことは奇跡のような出来事です。私が男性で生まれてきたり，昭和の時代に日本に生まれたこと，先天的な障がいがなく生まれたり，虐待を受けることのない家庭で育ったりしたこと，これらはすべて自分ではどうすることもできない偶然です。

　この世界は移ろう無常の世界であり，私たちの生も多くの偶然に支配されています。そうした世界に対して哲学者のスピノザは第三種の認識というものを語っています。それは，人間の認識は無限なる神の認識と能力（コナトゥス）の現れというものです（黒川勲 2007：24-25）。コナトゥスという能力は，その存在は必然的であるがゆえに肯定されるような自己保存力のことです（黒川勲 2007：23-24）。

　第三種の認識においては，それぞれの存在は唯一無二であり，それは永遠に

変わることがない必然的なものとして肯定されます（上野 2005：178-179・190）。

2）永遠の相の下

　スピノザは物事や世界を「永遠の相の下」で認識します。ここでいう永遠とは必然のことであり，「すべては現にそうであって，それ以外ではありえない」ということです（上野 2005：172-173）。スピノザの永遠とは，無限に長く存在し続けることでもフリーズした無時間世界でもありません（上野 2005：175）。

　「永遠の相の下」で世界を認識するならば，私が死んでも，私は私であり，私が私以外の存在になることはあり得ません。私が私であることは必然であり永遠です（上野 2005：182）。物事を永遠の相の下に認識する人は，自分を絶対的に肯定する愛を，世界にも自分にも感じます。そして，自分が唯一であることと，神が唯一であるということが，同じ比類なき必然性で結ばれていると理解し，そこに栄光を感じます。神と同じ栄光に包まれ，永遠に大丈夫という絶対的な安心が「至福」と理解されます（上野 2005：190）。

　偶然に支配されている世界にあって，自分の生に何か必然的なものを感じられた時，その必然性とともに，「他の人生はあり得ない」という形で生が肯定されます。そして，その必然＝肯定の中に神の愛のようなものが感じられるのでしょう。

（2）ニーチェ

　私たちは，ときに，人生の「意味」を求めます。しかし，哲学者の永井均は，ニーチェの永劫回帰を解説する中で，そんな「意味づけ」の汚染から解放された時，人生の輝き，価値，意義，神性が顕現すると言います。

　　「存在するすべてが肯定されるのは，究極的な価値基準によってそれらが肯定されるからではない。そんな価値基準が究極的にはないことによってこそ，それは端的に肯定されるのである。『よし』とする裁きがなされるからではなく，おおよそ裁きなどなされえないからこそ，裁きなどによって傷つけられないからこそ，存在するすべては端的に肯定され，それ自

体で輝くのだ。意味づけと評価による汚染から免れることによって，はじめて，現にそうであることそれ自体，そうであったことそれ自体が，その剝き出しの事実性が，それ自体で，輝きだすのだ。」（永井 1998：202）

　「人生の価値は，何か有意義なことを行ったとか，人の役に立ったとか，そういうことにあるのではない。むしろ，起こったとおりのことが起こったことにある。他にたくさんの可能性があったはずなのに，まさにこれが私の人生だったのだ。そこには何の意味も必然性もない。何の理由も根拠もない。その事実そのものが，そのまま意義であり，価値なのである。偶然であると同時に必然でもあるこの剝き出しの事実性のうちにこそ，神性が顕現している。」（強調は原文，永井 1998：207-208）

　では，なぜ，人間による意味づけや価値づけといった評価，裁きから免れた剝き出しの生にこそ，人生の輝き，価値，意義，神性が顕現するのでしょうか。理由は 2 つ考えられます。

　1 つは，そこにおいてこそ，「唯一無二のかけがえのなさ」という事実・真実が露わになるからです。私たちは「唯一無二のかけがえのなさ」に生の輝き，価値，意義，神性を感じるのだと思います。もう 1 つの理由は「偶然であると同時に必然でもあるこの剝き出しの事実性」というフレーズの中に秘められています。それは，偶然のものが必然と感じられる時，そこに神性が感じられるということです。その意味を理解するには，先に説明したスピノザの哲学が必要となります。

2　宗教的教養の観点

　宗教においては，「神のはたらき」や法（ダンマ）によって，この世界の真の姿が理解されると考えました。宗教的教養によって目指されることも，世界の真の姿の認識を可能にする視点の獲得です。宗教的教養は，世界の真の姿には，慈悲や愛が働いていること，そして，そこから生まれる価値規範があることを

明らかにします。そして，その価値規範に基づく「生」を示しています。ここでは，直接経験というものについて説明した後，仏教とキリスト教が示した「生」についてまとめます。

（1）直接経験

1）世界の二重性

　私に立ち現れている世界では，一方では認識する私（主観）がいて，もう一方には認識される世界（客観）があると考えられています。そして，私は私であることは自明なこととされています。この世界は，私によって認識される世界であり，私はそこで様々な経験をします。

　哲学者の上田閑照は，こうした世界は，「限りない開け」において，また，「限りない開け」に超え包まれていると考えます（上田 2007-b：24）。それは，私に立ち現れている意味世界が拡大したものではありません。「限りない開け」は，虚空間，大乗仏教にしばしば出てくる言葉でいえば虚空とでも表現される場です。このように世界は「世界／限りない開け（虚空）」という二重性があります（上田 2007-b：183-185・188・194）。ここにおける「開け」とは，「はたらき」であり，力の場のような性格をもちます（西谷・八木 1989：291）。

2）我は，我なくして，我

　世界においては，「我は我」です。その我（世界）が，限りない開け（虚空）を経験するためには「我なくして」という我の否定を通過する必要があります（上田 2007-b：188）。「我なくして」を通過することで「世界／限りない開け（虚空）」という世界の二重性を経験することができます。その経験は，西田幾多郎や上田閑照であれば純粋経験，西谷啓治や八木誠一であれば直接経験と表現します。そして，そうした経験をする主体を上田閑照は「我は，我なくして，我」と呼んでいます。

3）直接経験

　直接経験をすると，今まで私が現実であると思っていたのは実は言葉の世界であって，ありのままではなかったことが自覚されます。直接経験により，現

実とはもともとこういうものなんだ，ということに気づきます（西谷・八木
1989：ⅰ-ⅱ）。その直接経験について西谷啓治は，「悟りは直接経験を言い表す
言葉です」と，また，八木誠一は「イエスのもとに，直接経験的なものが一番
豊かにあります」と言っています（西谷・八木 1989：331-332）。

　直接経験とは，自我が弱まることで（あるいは無になることで），法（ダンマ）
や「神のはたらき」が自分の中に露わになる経験，そしてそれを，言葉で理解
するのではなく，法（ダンマ）や「神のはたらき」を生きる経験，と理解する
ことができます。

（2）仏　　教

1）菩薩の誓願

　紀元前 1 世紀前後に大乗仏教という新しい宗教運動が興りました。大乗仏教
は，ゴータマ・ブッダの言葉や物語を素材に，それまでの伝統的仏教の教理を
時代の要請に沿って再解釈し，内容を換骨奪胎して，自分たちの新たな願いを
込めた経典をたくさん創っていきました。その運動を進めていった人たちは，
自分たちのことを菩薩と呼びました。それは菩提（悟り）を求める人という意
味です。彼らは自分の救われを，誰かを救うことの中に見出しました（丘山
2007：90-93）。

　菩薩が求めた菩提（悟り）は「誓願」という境地となります。それは次のよ
うなものです。

　　「今もどこかで流されている血，流される涙。この『世界苦』をすべて
　の人びとが我がもの，自分の苦悩として感じ取ることができますように。
　　　私たちがそれぞれに，『誰かの痛みは，私の痛みだ』と感じとることが
　できますように。
　　　少しでも，『世界の誰かの痛み』を取り除こう，と，私たちみながそれ
　ぞれに努力できますように。」（丘山 2007：267）

　ここでは，大乗仏教の経典はこうした直接経験を言葉にしたものと考え，以下２つの経典の経験（言葉）を取り上げます。

２）仏教の経典

①　『般若経』

　般若とは悟りの智慧であり，それによって「すべては空である」という世界の真の姿が理解されます。これにより自己への執着が消えると，一切の生きとし生けるものに対する「慈悲」が生まれてくるといいます（丘山 2007：131・144）。ここにおける直接経験は，「空」という世界理解であり，そこから生じる慈悲の経験です。

②　『維摩経』

　『維摩経』には「世界苦」と「個人苦」が連動する，という意識が明瞭に語られています。そして，他人の痛みを自分のものとする，その心は「大いなるあわれみの心」が，そのような痛みを自分に感じさせるのだと言います（丘山 2007：156）。

　ここにおける直接経験は，自己と他者との「ひとつながり」の感覚と，それがゆえに，世界や他者の痛みが自分の痛みとなるという慈悲の経験です。

（3）ユダヤ・キリスト教

１）神のはたらきの経験

　イエスの生涯は「神のはたらき」が直接現れたものであり，その意味で，直接経験の最も典型的なものです。イエスは，貧しい人，目の見えない人，足の不自由な人，ハンセン病患者，飢えた人，迫害されたり囚われたりしている人など，下層階級や抑圧された人びとと関わりました（ノーラン 1994：32-33）。そして，彼らに神の国の到来が近づいていること（福音）を告げ知らせました。

　神の国とは，神のはたらきが及んでいるところであり，それは死後の世界（天国）ではありません。この地上においてその実現が求められているものです（ノーラン 1994：73-74）。

2）イエスの直接経験

イエスを通して，直接経験においては，以下のことが経験されることが示されました。

① 　コンパッション

イエスは腹の底から湧き上がるコンパッション（憐れみ，共感共苦，ギリシア語ではスプランクニゾマイ）により抑圧された人たちと関わりました。コンパッションは苦難に対する応答であり（ノーラン 1994：43-45・212），直接経験の最も根本的なものです。

② 　人間としての価値と平等

イエスが生きていた社会では，威信が最も重要な価値であり，金銭は二番目でした。また，地位も重要な価値を占めていました。それは社会生活だけではなく，宗教の組織においても同様でした。イエスが関わった抑圧された人たちは「小さき者」と表現され，そうした人たちは地位も威信もありませんでした（ノーラン 1994：88-89）。

イエスは，そうした威信や地位をはっきり否定しました。イエスは，それらをこの世界における悪の基本構造の一つと考え，そのような差別がない国を希望しました。それが神の国です。そして，神のはたらきが支配する神の国は小さき者たちのものと言いました（ノーラン 1994：89-91）。

「これらの小さき者たちが一人でも軽んじられないように気をつけなさい」（『マタイ福音書』第18章10節）とあるように，イエスは，小さき者が軽んじられたり劣等者として扱われたりすることがないように心がけました。そして，威信という世俗的な価値を，人間としての人間という「神的」価値でもって取り替えることを望みました。そこには男女の平等も含まれています。当時の社会では，女性は人の数に入っていませんでした（ノーラン 1994：92-93）。

神の国（神のはたらきが支配するところ）は，あらゆる人が，その学問，財産，家柄，権威，身分，徳性，その他の業績のゆえにではなく，あらゆる他の人と同じく人格（person）であるという理由で，大切にされ（愛され）尊敬される，そんな社会です（ノーラン 1994：95）。

3　真の生＝幸福

　人は幸福を求めます。そして，様々な幸福論があります。ここでは，哲学や宗教における幸福論をまとめ，それを通し，真の生，具体的には，人間が宿している人間性や世界が宿している本来性（本来のあり方）が顕在化した状態が幸福であることを示したいと思います。

（1）ギリシア哲学における幸福論
1）プラトンにおける幸福

　プラトンに，「正義について」という副題がついている『ポリテイア（邦題：国家)』という作品があります。今日の社会は，欲望の解放と充足が是とされ，「思い通りのこと」ができる生活が「幸福」と見なされていないでしょうか。それはプラトンの『ゴルギアス』で，ソクラテスが対決する弁論家たちの主張する立場です（納富 2012：23-26）。これに対して『ポリテイア』では，「正義（正しさ）とは何か」を明らかにすることで，「正義（正しい生き方）が本当の幸福をもたらすこと」「正しい人（の生）こそ幸せであること」を証明することを試みています（篠崎 2003：3；天野 2006：30；納富 2012：13）。

　プラトンにおける正義とは，魂の3つの要素のそれぞれが，それぞれのはたらきをすることであり，社会生活においては，各人が共同体において「自分の仕事」をすることです（朴 2010：154・217-218）。こうした正義は人間の本性（フュシス）に則った善いものであり，そうであるがゆえに，それを行うものに幸福をもたらすとプラトンは考えました（納富 2015：149）。

2）アリストテレスにおける幸福

　アリストテレスは，みんなが目指す最高の善いもの（最高善）は幸福（エウダイモニア）であるといいます（アリストテレス 2015：34・52-56）。エウダイモニア（eudaimonia）とは，daimon（神霊）の eu（恵み）という語源的な語感があります。これは，日本語の幸福や英語の happiness のように幸福感という一瞬

のものではなく，一生涯で捉えた時のトータルな幸福を意味します（渡辺・立花 2015：35，渡辺 2015：435）。また，エウダイモニアは「状態」ではなく，人間の優れていること（アレテー）に基づいた活動を意味します（アリストテレス 2015：64-70）。

　人間は神々とロゴス（理性，分別）とヌース（知性）を共有しています（菅 2016：160）。そして，このロゴスとヌースこそが人間固有の優れていることです。人間はロゴスとヌースを潜在的に宿しています。それを顕在化させる活動と人生こそが幸福である。これが，アリストテレスが考えた幸福です。

（2）宗教における幸福論

1）キリスト教

①　アウグスティヌス

　西ローマ帝国時代の神学者・哲学者であるアウグスティヌスは，人びとは幸福が何であるかわかっていない，あるいは誤解しているがゆえに，幸福になっていない。それゆえ，幸福について正しく理解することにより，幸福への正しい道を歩むことができると考えました（デ ブラバンデレ 1974：104-107；中川 1997：5-7）。

　幸福についてのアウグスティヌスの考えは次のようなものです（アウグスティヌス 1983：270-274・355・362-363）。2 つの愛があります。1 つは自分を中心として自分に向かう愛です。これは自己中心的な自己愛です。地上の国であるこの世界は，こうした愛が支配的です。そこでは心底納得がいく幸福を得ることはできません。もう 1 つは神から人間に向かう愛と神に向かう愛です。幸福とは，神という永遠なるもの，真理，最善なるものを信じ，それを愛し，それにより知ることができるという希望を持つことによりもたらされるものです。神こそが幸福の源泉であり，そうした神を愛し知ることが幸福である，それが実現しているのが地上の国と対比される神の国とされます。

　神の国とは，神（愛）のはたらきが作動しているところであり，この世界においても，そうした「はたらき」が作動しているところは神の国といえます。

そして，この世界においても（生きている時でも），そうした「はたらき」に与っている時が，アウグスティヌスが考える幸福です。

　そうした幸福は，この世界においても不完全ながら実現しますが，神の国の完全な形態は，最後の審判の後，身体の復活がなされた後，この世界の彼方となります（渡邉 2016：104）。よって，完全な幸福（至福）は最後の審判の後になります。

　②　トマス・アクィナス

　中世の神学者・哲学者でトマス・アクィナスにおいて幸福とは，神をあるがままに見る（visio Dei）です。それは状態ではなく「神のはたらき」であり，その「はたらき」と同一化することが幸福です。完全な幸福（至福）は最後の審判の後（来世）でなければ実現できません。しかし，神の恩寵とそれを受け入れる知性が人間には備わっているため，「神のはたらき」を「愛」として理解することができます。愛の程度によって，幸福の程度が変わります（岡崎 1981：25）。

　人間は，「神のはたらき」である愛を分有（participatio）することによって不完全ながら幸福を分有します。これが，トマス・アクィナスが考える人間の至福です（加藤 2007：22-23）。

　2）仏　教

　①　世俗（私たちが生きている世界）を超えた幸福

　仏教は，私たちが生きている世界における幸福は真の幸福とは考えていません。その理由は，世俗の幸福は，たとえば，財産がある，仲の良い家族がいるといった条件によってもたらされるが，そうしたものは失われる可能性が常にあるからです。これに対して，悟り涅槃に入った状態が真の幸福なのです（吉田 2010：4-6）。

　古代インドにおいて幸福を意味する最も一般的な言葉（サンスクリット語）は「スカ（sukha）」です。それは苦に対する語で，漢訳仏典では「楽」と訳されます（上村 1998：501）。涅槃は苦から解放された絶対的な安楽です（吉田 2010：3）。その状態が仏教における真の幸福です。

②　『維摩経』における幸福観

　大乗仏教の経典の一つに『維摩経』があります。ここには，「生きとし生けるものが苦悩するからこそ私も苦悩するのだ。かれらの苦悩が癒えてこそ，私の苦悩も消えるであろう」とあります。これは，宮澤賢治の「世界ぜんたいが幸福にならないうちは，個人の幸福はあり得ない」（宮澤 2017：3）と同じ感覚です（丘山 1992：535）。大乗仏教には，他者の不幸が無くなることが自分の幸福という考えがあります。

4　幸福についての 3 類型

（1）整理のための枠組み

　教養は，世界に対する真なる認識をもたらします。哲学的教養は，世界には善のイデア，ヌースとロゴスといった「超越的なはたらき」があることを解明しました。これにより世界には「超越的なはたらき」と「私」という縦の関係があることが明らかになりました。

　一方，宗教的教養の中でも紀元 1 世紀前後に現れたキリスト教と大乗仏教では，世界には「他者」がいることが自覚されました（丘山 2007：16-20）。ここにおける「他者」とは，愛や慈悲という関係の中で理解される他者のことです。これにより，世界には先に述べた縦の関係だけではなく，「私」と「他者」という横の関係があることが明らかになりました。

　ここから幸福についての 3 類型を提示することができます。1 つ目は，囚われの中の幸福です。これは，教養が見出した世界に対する真なる認識を得る前，言い換えれば，様々な思い込みに囚われている段階の幸福です。2 つ目は，哲学的教養が見出した幸福です。ここでは，「超越的なはたらき」と「私」といった縦の関係の中で幸福が考えられます。3 つ目は，宗教的教養が見出した幸福です。ここでは「超越的なはたらき」と「私」といった縦の関係，ならびに，「私」と「他者」という横の関係の中で幸福が考えられます。

　以下では，世界の構造，人間理解，特徴，幸福の内容といった項目により，

幸福についての3類型の概要をまとめます。

（2）囚われの中の幸福

1）世界の構造

この世界には，「超越的なはたらき」と「他者」が存在します。しかし，ここでは，それらが見失われています。そのため，様々な思い込みに囚われ，他者の痛みをわが事と感じることができません。

2）人間理解

ここでは，「私は私」「他者は他者」であることが自明なこととされます。そして幸福を問う場合「私の幸福」について考えます。

3）特　徴

自己中心的であり，かつ，様々な思い込みに囚われている状態の中で幸福が理解されます。

4）幸福の内容

私がもつ欲望・欲求（物質的欲求，権力欲，名誉欲，承認欲求，人とつながり，自己実現など）の充足が幸福であると考えます。

（3）哲学的教養が見出す幸福

1）世界の構造

この世界が，「超越的なはたらき」と「私」といった縦の関係の下で理解されます。ここでは，善のイデア，ヌースとロゴスのはたらき，あるいは神など，「超越的なはたらき」の下に，世界の真なる姿が理解されます。

2）人間理解

人間は「超越的なはたらき」が実現する「場」であると理解されます。「超越的なはたらき」の典型がロゴス（理性）です。

3）特　徴

善のイデア，ロゴス，第三種の認識，永劫回帰思想などにより，囚われから解放された中で幸福が見出されます。しかし，ここには他者との関わりの中で

幸福を考えることはできていません。

４）幸福の内容

①　正義に適った生が幸福（プラトン）。

②　自己の潜在的可能性（例：ヌースやロゴス）が顕在化すること（アリストテレス）。

③　神と同じ栄光に包まれ，自らの生に必然性が感じられること（スピノザ）。

④　様々な価値規範から解放されることで見出される「ありのままの生の絶対的肯定」（ニーチェ）。

（4）宗教的教養が見出す幸福

１）世界の構造

この世界が，「超越的なはたらき」と「私」といった縦の関係，ならびに「私」と「他者」という横の関係によって理解されます。そこは，世界の真なる姿ならびに「他者」と共に在る世界です。

２）人間理解

ここにおいても人間は，「超越的なはたらき」が実現する「場」と理解されます。上田閑照の言葉を引用するならば，ここにおける人間は「私は，私ならざる，私」として理解されます。

３）特　　徴

悟りや主体の交替（私中心から神中心）による，直接経験を通して幸福が実感されます。

４）幸福の内容

①　他者の苦しみの軽減が私の幸せ（菩薩）。

②　「神のはたらき」に与る（アウグスティヌス）。

③　神の愛を分有する（トマス・アクィナス）。

（5）教養が見出す幸福

1）幸福とは何か（幸福の意味）

　教養が見出した幸福とは，人間の「生」の真の姿のことです。その姿とは，人間が宿している人間性と世界が宿している本来性（本来のあり方）が顕在化した状態です。すなわち，幸福とは，人間性や世界の本来性が顕在化した状態を意味します。

2）何が幸福か（幸福の内容）

　最後に，上記に示した「幸福の内容」を踏まえ，幸福についての私見を述べます。

　世界は偶然に支配されています。この現実の中で，縦と横の関係の網から形成される「この私」の使命や，与えられている関係（家族や知人）に，「必然」のようなものが感じられ，かつ，その使命（活動）が他者の不幸の軽減に間接的であってもつながっているような人生，それが幸福といえるのではないでしょうか。

1 死の人称性

（1）私の死（一人称の死）

死にも人称性があります。一人称の死は私の死です。二人称の死は大切な人の死であり，三人称の死は，人類が誕生し今日に至るまで多くの人が死にましたが，そこにおける死です（ジャンケレヴィッチ 1978：24-36）。一人称の死，すなわち私（自分）の死は体験できません。体験できるのは二人称と三人称の死です。

（2）大切な人の死（二人称の死）

大切な人の死の典型がわが子の死です。このことについて哲学者の西田幾多郎は次のように書いています。

「……人は死んだ者はいかにいっても還らぬから，諦めよ，忘れよという。しかしこれが親にとっては堪え難き苦痛である。…（中略）…何とかして忘れたくない，何か記念を残してやりたい，せめて我一生だけは思い出してやりたいというのが親の誠である。…（中略）…この悲（かなしみ）は苦痛といえば誠に苦痛であろう。しかし親はこの苦痛の去ることを欲せぬのである。…（中略）…いかにつまらぬ人間でも，一のスピリットは他の物を以って償うことは出来ぬ。而（しか）してこの人間の絶対的価値ということが，己が子を失うたような場合に最も痛切に感ぜられるのである。…（中略）…今まで愛らしく話したり，歌ったり，遊んだりしていた者が，たち

167

まち消えて壺中の白骨となるというのは，如何なる訳であろうか。もし人生はこれまでのものであるというならば，人生ほどつまらぬものはない。ここには深き意味がなくてはならぬ。人間の霊的生命はかくも無意義なものではない。」（西田 1980：230-232）

　大切な人の死は，絶対的価値をもつ1つのスピリット，他ならぬ存在の喪失なのです。

2　私の死

（1）科　　学

1）動的均衡（秩序）が維持できなくなる

　第9章で説明した通り，人間を含めた動物は，他の生物またはその一部（高度な秩序体であるためエントロピーが小さい）を摂取して，秩序の壊れた物（エントロピーが大きい）を排泄し，差額の「負エントロピー」を摂取することで，自らのエントロピーを小さく保ちます（中沢 2014：72）。動物であれ植物であれ，“負エントロピー”を摂取できなくなる時が“死”です（中沢 2014：73）。

2）意識や心は無くなる

　意識や心は，脳とその人の経験との相互作用によって生じます。よって，脳が機能しなくなれば，意識や心は無くなります。

（2）哲　　学

1）有が無になる

　私が亡くなるとは，私が生きているこの世界が消滅する（無くなる）ことです。しかし，他者が亡くなっても私が生きている世界は消滅しません。私が生きている世界が消滅するということは，私が誕生しその後に得たもの，たとえば，この世界，家族，友人，財産，達成したこと，思い出……，これらすべてを喪失することです。また，私がこれから得るかもしれないものすべてを喪失

することです。

　私の死の本質は，単に無ということではありません。そうではなく，この世に生を受けた存在が消滅する，すなわち，有が無になる，これが死の本質です（中島 2007：14）。死はなぜ怖いのか。その理由の一つは，死は私が得たものをすべて奪い取ってしまうからです。

2）「無」と哲学

　死は，得たもの，得るかもしれないものが「無」になることです。では，「無」とはどういうことでしょうか。実は，「無」と言語化した時点で，すでに「無」というものが「有る」ということになってしまいます。それゆえ，無とは語りえないものであり，哲学では探究することができません（中島 2007：108-109・128）。そうした死がもたらす無について語っているのが宗教です。

3）この世界に存在した事実は決して抹消されない

　無についての宗教の語りを見る前に，1つ確認しておくことがあります。それは，私が亡くなりこの世界にいなくなっても，私がこの世界に生を受けて存在したという事実は，決して無くなりはしないということです（ジャンケレヴィッチ 1978：507-508）。この意味において，存在したという事実は不死といえます。

3　宗教による死後の世界の理解

　哲学者の伊佐敷隆弘は『死んだらどうなるのか？――死生観をめぐる6つの哲学』において，死後に関する見解は，①他の人間や動物に生まれ変わる，②別の世界で永遠に生き続ける，③すぐそばで子孫を見守る，④子孫の命の中に生き続ける，⑤自然に還る，⑥完全に消滅する，の6つのパターンがあると述べています。このうち①～⑤が死後を想定し，それを信じているという意味で，宗教的な見解です。ここではこの5つについて説明します。

（1）他の人間や動物に生まれ変わる

1）ウパニシャッド

　紀元前1200年頃，インドでヴェーダの宗教（バラモン教）が生まれます。ヴェーダとは，バラモン教の聖典群の総称です（前田 2000：23・341）。紀元前500年頃になると，全ヴェーダの趣旨を述べたとされているウパニシャッド（奥義書）が成立します。インド哲学の源泉はここにあると考えられています（前田 2000：25）。紀元前6〜7世紀頃に成立したと考えられている初期の古ウパニシャッドにおいて輪廻説が説かれています。それは，人は死ぬと身体は朽ち果てて無となるにしても，死んだ身体から霊魂が遊離し，その霊魂は死者が生前になした善悪の行為によって，それにふさわしい新たな別の身体に宿り，このプロセスを永久に繰り返すという説です（針貝 2000：142-143）。この考えは，その後に成立するジャイナ教，仏教，そしてヒンドゥー教にも受け継がれていきます。

2）仏　　教

①　天　　界

　修行を完成した人は死後に生存するか，あるいは生存しないか，という質問がブッダに向けられましたが，ブッダはそれに対していずれとも答えていません。初期（原始）仏教では，解脱した人が死後にいかなる状態に入るかということに関しては，完全な沈黙を守っています（中村元 2012：138）。

　こうした死生観は，主として古代インドの社会的習慣に従って，出家修行の生活を送っていた人たちのものです。しかし，一般世俗人がこうした心境に安住することは，極めて難しいものでした。そのため，初期の仏教教団は在俗信者に対して，涅槃の教えを説かないで，主として生天（しょうてん）の教えを説いていました。すなわち，在俗信者が道徳的に善い行いを行ったならば，天の世界に生まれ変わることができることを教示していました（中村元 2012：145-146）。

　天の世界（天界）といっても，それは輪廻の世界の範囲内であり，輪廻・苦の世界から解脱したわけではありません（村上 2019：95）。

②　六道輪廻

仏教では，天・人・畜生・餓鬼・地獄の５つの輪廻の世界（五道）を説きます。後に，人と畜生との間に阿修羅が加わり，六道輪廻として大乗仏教では一般に流布し，日本でも定着していきます（細田 1998：1697）。

３）ヒンドゥー教

ヒンドゥー社会では，輪廻転生は現代においても生きた信仰です。彼らは，生と死のすべてを自然の大きな「めぐり」と感じ，霊魂は肉体の死後も生きつづけ，天界の楽土に赴き，祖霊たちと再会したのち，やがてふたたびこの世に生まれ変わる，そして自分は，少なくとも今生で，あれこれ善い行いをしてきたのだから，来世はきっと幸多く生まれるに違いない，そうした期待と信念を抱いています（森本 2003：14-15）。

（２）別の世界で永遠に生き続ける

１）キリスト教

キリスト教は，神が無から世界を創造したと考えます。創造した世界の中で時間が生まれます。そのため，創造された世界，そして，そこにある歴史には終わりがあります。その終わりが神による最後の審判です。最後の審判の直前に神は死者を復活させ，死者は生前と同じく魂と身体の両方を持つようになります。復活した身体は「霊的身体」であり，食べたり生殖したり老化したり死んだりはしません。そして，神による最後の審判の結果に応じて，人間は天国か地獄へ行き，霊的身体を持ったまま永遠に生きていくことになります。天国では「神を直接見る」という最高の幸福（至福直観）を味わいながら永遠に，他方，地獄では燃えさかる火の中で最大の苦しみを味わいながらやはり永遠に生きていきます。最後の審判にやり直しはなく，天国や地獄での生に終わりはありません。ここにおける特徴は，歴史も人生も１回限りということです（伊佐敷 2012：11-12）。

ここにおける永遠とは，「無限の長さの時間」ではなく，「過去・現在・未来の全体が同時に存在する」という意味での永遠であると考えられます。神や永

遠は時間を超えているのです（伊佐敷 2012：18）。

　人間は復活する。これがキリスト教の核心です。神は世界を創造し，死者も復活させることができると考えます。いうなれば，復活は 2 度目の創造のようなものです（橋爪 2020：55-56）。

2 ）大乗仏教（浄土教）

　10世紀初頭の頃，平安時代中期から，次第に民衆の間で，浄土への極楽往生を願う，浄土教信仰が広まっていきました。良源（912-985年）は浄土教の教学を整備・体系化し，良源に師事した源信（942-1017年）は『往生要集』を著して，浄土信仰の興隆へと導きました（川村 2012：513-514）。日本人の「輪廻」や「地獄」のイメージに大きな影響を与えたのも源信です。彼によれば，人間が生死を繰り返して輪廻するこの世界は「穢土」，すなわち穢れた世界であり，他方，極楽は「浄土」，すなわち清らかな世界です。源信は『往生要集』の冒頭で穢土の姿を，次いで浄土の姿を具体的にくわしく描いています（源信 2018：13-133）。

　極楽浄土から輪廻の世界に退転することはないので，そこは輪廻転生を超越したところといえます（平岡 2018：48）。

（3）すぐそばで子孫を見守る

1 ）神と分け御霊

　平田篤胤は，天地の神には御霊が備わっており，それは分けることが可能と考えました。ここに「分け御霊」という概念が生まれます。人間は分け御霊を神から授かっており，神と連続しているがゆえに，神が自らの根拠となります。そして，神から授かった分け御霊が人間の尊厳（絶対的な尊さ）という観念を可能にします（吉田 2017：139-140）。なお，神の御霊の分与という考え方は本居宣長から学んだものです（吉田 2017：169）。

2 ）霊　　魂

　篤胤は，人間にとって親は，絶対的な根源（神のはたらき）から生まれる霊魂を受け止めるために肉体を与えてくれる存在であり，そして，人は死ねば御

霊（霊魂）そのもの，すなわち神になると考えました（吉田 2017：6-7・136・148）。篤胤は，生と死を貫く霊魂が尊厳をもつと考えていました（吉田 2017：192）。

3）死後の世界

篤胤は，人間は死後，幽冥界に行くと考えました。それはこの地球上の，私たちの日常に隣り合わせるように，また重なるように存在しています。目には見えませんが，地球上のどこにでも満ちています。そして，その幽冥界から死者は生者を常に見守っているのです（吉田 2016：67）。

幽冥界は，親しみのあるこの国土上の別世界であり，世界が始まってからというもの，人間は神々と死者に囲まれ，その恵みを受けながら暮らしています（吉田 2016：68-69）。そして，それは墓であると篤胤は言います。死んだあと霊魂は墓の上にいるのです（吉田 2016：260-261）。

（4）子孫の命の中に生き続ける

古代中国に「儒」という祈祷師の職業集団がありました。これは，神と人間をつなぐ人（シャマン）の集団であり，彼らは，雨乞い，病気の治療を含む宗教的，儀礼的，知識的技術をもっていました（加地 2018：145-151）。この集団が「死」に対して次のような考えを示しました。

「儒」は人間を精神と肉体とに分け，精神の支配者を「魂（こん）」，肉体の支配者を「魄（はく）」と呼びます。この魂と魄が一致し融合している時が生きている状態であり，魂と魄が分離した状態が死となります。「儒」は，人間は死んで骨になっても，その骨やお墓に戻ってくることができる，と考えます。死者は再生できる（この世に戻ってくることができる）という理論によって，死の恐怖を解決しようとしたのです（加地 2015：17-19）。

「儒」は，亡くなった者の子孫が祭祀（祖先や神々を祀ること）を行いますが，それを続けていくために一族，すなわち，子孫を生み続けることが必要になります。そこには，①祖先と関係（過去），②父母との関係，③子孫・一族との関係（未来）があります。「儒」は，ここに，①祖先の祭祀，②父母への敬愛，

③子孫を生むこと，それら３つの行為をひっくるめて「孝」としました（加地 2015：19-20）。

　この「孝」という考えにより，自己の生命は，実は父の生命，祖父の生命，さらには遠くの祖先の生命ということになり，家系をずっと遡ることができることになります。これは「血の鎖」といってよいものです。つまり，孝の行いを通じて，自己の生命が永遠であることの可能性に触れるのです。こうして死の恐怖や不安に儒教は対応しました（加地 2015：21）。

　「孝」は「血の鎖」「自己の生命の永遠性」を表すものであると同時に，親子という家族中心における道徳でもあり，それは，儒教の宗教性と道徳性の重なり合うところに位置づきます（加地 1994：116-117）。

（5）自然に還る

　日本人において死者は霊あるいは魂という言葉で理解され，その存在が信じられてきました。そのことを民俗学者である柳田国男は『先祖の話』で次のように述べています。

　　　「私がこの本の中で力を入れて説きたいと思う一つの点は，日本人の死
　　　後の観念，すなわち霊は永久にこの国土のうちに留まって，そう遠方へは
　　　行ってしまわないという信仰が，恐らくは世の初めから，少なくとも今日
　　　まで，かなり根強くまだ持ち続けているということである。」（柳田 2013：
　　　67）

　ここでは，「魂」という言葉で語られて来たものが信じられ，それが古来，人間の生き死にを考える上で核心的な言葉として使われてきました。その事実こそが大事なのです（竹内 2017：235）。

　柳田はその魂は一定の年月（ふつう33年）を経ると，個人としての固有性は失われ，田の神・山の神など，より大きな存在の一部になっていくと信じられていた，と指摘しています。33年というのは，その人の死を「悼み」「弔う」

人もまた死んでしまう，そうした年月にあたります。それはそれでいいのであって，「悼み」「弔う」人もいないところでずっと消えることができない「魂」は，孤独で寂しすぎる，と柳田は考えるのです。「魂」とは，何より，そうした死者と生者の関係性の表現でした（竹内 2017：235）。

4　死後と不死

（1）哲学における死後についての見解

　哲学者である永井均の『翔太と猫のインサイトの夏休み』という本に「何かが創られたり始まったりするのは，すべて時間の中のことなんだ。…（中略）…ぼくらが理解している『始まる』とか『創られる』って概念はそもそも時間的な性質を持った概念だからね。それを時間そのものに適用しちゃうことなんかできないのさ」（永井 1995：185-186）とあります。

　ここからわかることは，宇宙が誕生した後に時間という概念が生まれたのであれば，「前」「後」を問うことができるのは宇宙が誕生した後のことであり，「宇宙が誕生する前」ということは，そもそも考えることができない，となります。

　この考えに基づけば，死後の世界については，大別すれば次の2つが考えられます。1つは，死後という概念が示すように，死んだ後の世界が存在する，と考えるものです。上記第3節は，そうした世界についての見解をまとめました。もう一つは，そのようなものが人間には思考できない，というものです。私たちは，時間のある世界における思考の延長で「死後」を考えてしまいます。しかし，死は時間がある世界の消滅ということを考えるならば，死後の世界という概念自体が成り立たなくなります。哲学の立場から考えるならば，「死後は存在する，あるいは，しない」と答えるのではなく，「思考できない」と答えるべきでしょう。

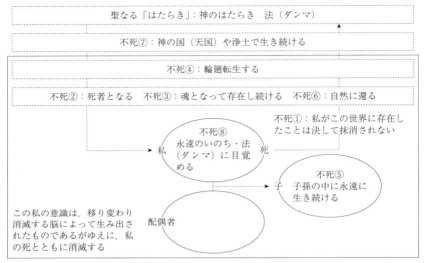

図 11 - 1　様々な不死

出所：筆者作成。

（2）不　　死

　人は，様々な形で死後について思考し語っています。それらを整理すると以下のようになります。

　まず，哲学者のウラジミール・ジャンケレヴィッチがいうように，私がこの世界に存在したことは決して抹消されません。これを不死①としましょう。次にこの世に存在していた者（生者）が，死者という存在になった，という捉え方があります。これを不死②とします。

　これ以降は主に宗教による捉え方です。不死③は魂となる，不死④は輪廻転生するという捉え方です。不死⑤は子孫の中に永遠に生き続ける，そして不死⑥は自然に還るという捉え方です。ここまでは，死後もこの世界の中にある別世界において生き続ける，という考えです。

　不死⑦は，この世界を超越した神の国（天国）あるいは浄土で永遠に生き続けるという捉え方です。そして最後，不死⑧は，生きている今，永遠のいのち＝不死を感じるというものです。以上をまとめると，図11-1となります。

5　宗教における物語の知

（1）大きな物語と個人の物語

1）想像上の秩序（大きな物語）

　歴史学者のユヴァル・ノア・ハラリは「架空の事物について語る能力こそが，サピエンスの言語の特徴として異彩を放っている」（ハラリ 2016-a：39）と指摘し，「この能力のおかげで，大勢の見知らぬ人どうしが効果的に協力できるようになった」（ハラリ 2016-a：50）と述べています。こうした協力を可能にしたのが，「想像上の秩序」です（ハラリ 2016-a：135）。私たちは想像上の秩序を共有することで，社会の秩序を維持します。

　宗教（死後の世界を含む）も想像上の秩序です。しかし，宗教に限りません。法も想像上の秩序です。例を示します。ハンムラビ法典は，バビロニアの社会秩序が神々によって定められた普遍的で永遠の正義の原理に根差していると主張します。この法典によれば，人びとは 2 つの性と 3 つの階級（上層自由人・一般自由人・奴隷）に分けられ，それぞれの性と階級の成員の価値はみな違いました（ハラリ 2016-a：138-139）。こうした法典は想像上の秩序です。別のものとしてアメリカの独立宣言を取り上げてみます。そこには次のようにあります。

　　　「我々は以下の事実を自明のものとみなす。すなわち，万人は平等に造られており，奪うことのできない特定の権利を造物主によって与えられており，その権利には，生命，自由，幸福の追求が含まれる。」

　アメリカ人は平等という考えをキリスト教から得ました。キリスト教は，誰もが神によって造られた魂をもっており，あらゆる魂は神の前で平等であるとしています（ハラリ 2016-a：141）。

　想像上の秩序は，あくまで想像上のものであるがゆえに，その内容は異なります。ハンムラビ法典の下では人間は平等ではありませんが，アメリカ人権宣

言の下では人間は平等です。

　こうした想像上の秩序は，その社会の人が共有している大きな物語です。

2）個人の物語

　私たちは現実にある物質的環境に対して，様々な意味づけ，価値づけをして生きています。大きな物語はその一つです。これに対して個人の物語もあります。それは，それぞれの人に立ち現れている世界には，始まりと終わりがあり，そこに様々な出来事，ストーリーがあることを表します。私たち一人ひとりの人生は，一つの物語であり，私たちは物語を生きているといえます。

（2）物語の知の必要性

1）物語の知

　現実があって，それとは別に，想像による物語がある訳ではありません。物語は，私たちが生きていく上で必要な世界に対する意味づけ・価値づけの一つのあり方です。第6章で紹介した大森荘蔵の「世界の重ね描き」の考えを援用すれば，人間は科学によって世界を細かく理解しますが，同時に，想像上の秩序として大きな物語を通して世界を理解しているのです。このような物語を通した認識を物語の知といいます。

2）科学の知と物語の知

　大切な人が死んだ時，科学（医学）は，その人が死んだ原因を説明しますが，その死によって生じた遺族の深い悲しみを癒すことはできません。同じように，自分が癌の末期であることを科学は説明しますが，そこで生じた絶望を緩和することはできません。

　こうした深い悲しみや絶望を経験した人たち，その視点から見えてきた世界の真実を語っているのが宗教です。そこにあるのは科学の知とは異なる物語の知といえるものです。深い悲しみにある時，物語の知は紡ぎ出され，それが生きることを支えると同時に，死後の世界についての知見をもたらします。その一例を紹介します。

3）『彼岸花』

　1998年，夏祭りで提供されたカレーを食べ，小学校 4 年生の児童他 3 人が亡くなりました。カレーには毒物が入っていたため，和歌山毒物カレー事件といわれています。そこで最愛の息子を失った母親の林有加さんは『彼岸花』（1999年）という本を出版しています。

　亡くなった息子である大貴くんは，花（彼岸花）を摘んで母親にプレゼントする子どもでした。『彼岸花』という絵本は，この思い出を基に，大貴くんの魂のことが語られています。死者（魂）の切なる願いに応えることで死者（魂：子ども）と生者（母親）が出会い，「お母さん，ただいま！　いつかまた，きっと，お母さんの子どもに生まれてくるからね。ありがとう。お母さん！」という言葉が，この世界の中に生まれます。

　第10章で述べたように，私たち人間は偶然で，移り変わる世界を生きています。しかしその中で，愛し，愛された魂は必然的に出会うことが描かれており，そこにはスピノザがいう「永遠の相」が顕現しているがゆえに「ふと，神のようなもの（最後の神）」を感じます。『彼岸花』は，人間が生きる世界には魂の次元があることを表現しており，読む者はそのことを理解します。

4）「祈り‐希望」

　『彼岸花』には「祈り‐希望」という短い童話が収められています。仏教学者である平岡聡はその内容を引用した上で，次のように述べています。

　　「自分に残された時間を，流した涙の分だけ捨てることができる湖があった。息子を失った母はそこに涙を捨てに行く。寿命を短くし，早く死んで息子に会おうと考えたからだ。毎日毎日，母はそこに涙を捨てに行ったが，一向に寿命は縮まらない。不審に思った母は神にその理由を尋ねると，神はこう答えた。

　　ここに来るのは，悲しい時間を持て余した人達ばかりだ。だが，あなたがここにやってくると同時に，ひとりの子どもが来るようになった。年のころは，十歳くらいの……男の子だ。時間を捨てにくるんじゃないんだ

　……。一生懸命，拾っていくんだよ……あなたが捨てた時間をね……。」

　（林 1999：38-39）

　「愛しい息子を失った母の傷は簡単には癒えないが，この物語は彼女に生きる希望を与える力を持っている。そして後書きには「今，目の前に息子が現れないのは，残酷な事実です。しかし，いつの日かまたきっと，親子として生まれ変わってくることを信じています」と記されている，その"信（念）"が彼女を支える。その彼女に向って「生まれ変わり（輪廻）なんて科学で証明されていない。迷信だ」と誰が言えるでしょうか。」（平岡 2018：23-24）

　愛しい息子の死（二人称の死）の中で紡がれる物語があります。こうした物語の中で，死者や魂が語られ，人間の倫理が生まれます。

6　大切な人の死

（1）死者と魂の存在論

1）死　　者

　批評家・随筆家である若松英輔は『魂にふれる――大震災と，生きている死者』（2012）で「家内の死において私が感じましたのは，"死"というものよりは，"死者"ということであった。…（中略）…生きてきた人間が死んだ存在へと転化していった，その事実をどうみるか」（27頁），「"死者"は肉眼で"見る"ことができない。だが，"見えない"ことが，実在をいっそう強く私たちに感じさせる。死者の経験とは，"見る"経験ではない。"見られる"経験である。死者は，"呼びかける"対象である以上に，"呼びかけ"を行なう主体なのである」（43頁），「亡くなった者の肉体は滅び，姿は見えず，触れることもできない。しかし，死者は今も実在している。生者の呼びかけに無音の声で応えるだけでなく，ときに呼びかけてさえくる」（164頁）と述べています。

　親しい人を亡くした人は，死を経験するだけでなく，その後，死者（死んだ

存在）と出会い（あるいは，感じ），その人に見られている，あるいは，呼びか
けられることさえ経験します。こうした経験があるのであれば，「この世界は，
生者（生きている人）だけでなく，死者（亡くなった人）も存在する」といえま
す。

　大切な人は亡くなっても「生者」から「死者」へとあり方を変えますが，存
在しています。次の文章は，死者と共に生きていることを示しています。書い
ているのは76歳の方です。

　　　「どちらが先に死んでも，１年以内に迎えに来ることにしような」。互い
　の老後のことを思って約束していた夫が亡くなって７月７日で22年が過ぎ
　た。思うに，きっとあの世は劣悪な環境で，私を呼べるような世界ではな
　いのであろう。
　　　月に数回，夫が夢に出てきてくれる。そんな日は一日中，ルンルン気分
　になる。明日も夢で会えるかもと思うと，前向きに生きていける。」（2023
　年７月20日付「毎日新聞」15面「女の気持ち」）

２）魂

　先に述べたように，「魂」という言葉で語られてきたものが信じられ，それ
が古来，人間の生き死にを考える上で核心的な言葉として使われてきました
（竹内 2017：235）。そして，「魂」とは，死者と生者の関係性の表現でした（竹
内 2017：235）。私たちは「死者」を「魂」と表現し，共に生きています。そう
した物語＝世界を人間は現に生きているのであり，人間の世界の中には「魂」
が存在しているのです。

（2）大切な人の死と倫理

１）親しい人の死に接したときの気持ち

　人の死に接した時，特に親しい人の死に接した時，人は倫理的，宗教的にな
ります。阪神・淡路大震災で親しい人を亡くしたある人は，次のように言って

います。

> 「死っていうのが突然で自分のまわりの重要な人がそうゆうふうになる
> 可能性もある，ってことを実感した。」「月並みな言い方だけど，いつ死ぬ
> からわからへんから，一日一日一生懸命っていうのは，実感としてすごく
> 感じた。」「自分の周りの人もいつ死ぬかわからへん状態，だから誠意をも
> ってというか，やっぱりそうゆうふうにいっぺん実感すると，周りの人は
> 大事にせなって思った。」（やまだ 2007：106）

　一般的に，親しい人の死に接した時，人は「死を無駄にしないようにしよ
う」「死者の志を受け継ごう」「死者に恥ずかしくないように生きよう」という
気持ちになります（やまだ 2007：17）。

２）倫理的・宗教的な気持ちになる理由

　では，なぜ親しい人の死に接した時，人は倫理的・宗教的になるのでしょう
か。心理学者であるやまだようこは次のような理解を示しています（やまだ
2007：17・75）。

　①　日本の民間信仰では，死者は人間を離れて「仏さま」や「神さま」と
　　いう聖なるものになります。すなわち，親しい人の死は人間の力の及ば
　　ない聖なるものとの出会いです。宗教とは聖なるものの体験ですから，
　　親しい人の死に接すると人は宗教的になるのでしょう。
　②　死という人の力ではどうにもならない出来事と出会うと，己の小ささ，
　　無力さを知り，敬虔な気持ちになります。このとき人は，自らを超える
　　存在・力を感じます。そして，この自らを超える存在・力を踏まえ生き
　　ようと思うから倫理的になるのでしょう。

3）死者がもたらす倫理

① 生者の傲慢

生きている者は自分たちだけで，「人の間」の秩序が作れるかのように思い上がってしまいます（末木 2006：195）。そして，生者は放っておけば，どんなに愚かなことでも，残酷なことでも，またまた性懲りもなくくり返し，そればかりかエスカレートしていきます（末木 2006：202）。すなわち，「死者の力を忘れるとき生者の傲慢が始まる」（末木 2006：192）のです。

② 死者の想い・言葉に耳を傾ける

「このままじゃ"生きジゴク"になっちゃうよ」と書き自ら命を絶った少年は，続けて，次の言葉を遺しました。

> 「ただ僕が死んだからって他のヤツが犠牲になったんじゃ意味ないじゃないか。だからもう君たちもバカな事をするのはやめてくれ，最後のお願いだ。昭和61年 2 月21日　鹿川裕史」（武田 2004：20）

この最後の願いがいまの学校には届くことがなく，いじめによる自死者は後を絶ちません。生者の傲慢を"正す"には，死者の想い・言葉に耳を傾けなければならないのです。

4）死者たちとの共存

① 記憶ではなく「死んだ存在」として共に在る（共存の形 1 ）

死者は，私の世界の中で記憶として刻まれるだけでは決してありません。そうではなく，私を見つめ，私に語りかける存在として，共に存在しています。

② 人間らしい社会を築く存在として共に在る（共存の形 2 ）

生者の犠牲になった死者がたくさんいます。その死者を忘却してしまえば，生者はますます傲慢になり非人間的なことを繰り返してしまいます。人間らしい社会を築くためには，死者との共存が不可欠です。

<h1 style="text-align:center">7　金光教における死⁽¹⁾</h1>

（1）金光教における死の全体像

1）時間軸

　金光教における「死」は，①「生から死という経過において，体が死ぬ。つまり命がなくなる」，②「死から死後という経過において，霊は生き通しである（霊のみ存在し続ける）」，③「生死を超えた軸において，人間は天地の中に住み，天地金乃神のはたらきや慈しみを蒙る」という３つの考えが基本にあると整理できます。この金光教における「死」の全体像を，時間軸を設けて表したものが図11-2になります。

2）構造

　金光教では神と人間（生者）のつながり，神と御霊（死者）のつながり，そして，御霊（死者）と生者のつながりがあると考えられています。神・御霊（死者）・人間（生者）の三者の関係は，図11-3に表しています。

　金光教教祖の教えに「生きている間も死んだ後も天と地はわが住みかである」とあります。すなわち，金光教では「天地は，総ての人間の生死を超えた住みか」と捉えています。そのため，生者だけでなく，御霊（死者）も天地金乃神からの慈しみやおかげ，天地のはたらきを蒙るのだと信じられています。このような考えから，金光教では生者が御霊（死者）の助かりを神に祈ることがよくあります。

（2）死

1）肉体と御霊の分離

　金光教教祖の教えに「みな，神の分け御霊を授けてもらい，肉体を与えてもらって，この世へ生まれて来ているのである」とあります。すなわち，人間の「命」は肉体に分け御霊が宿った状態と捉えられています。その上で，「死」に関する教えに「魂は生き通しであるが，体は死ぬ。死ぬというのは，魂と体と

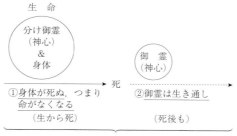

生　命

分け御霊
（神心）
＆
身体

御　霊
（神心）

死

①身体が死ぬ，つまり
命がなくなる
（生から死）

②御霊は生き通し

（死後も）

③人間は生きている間も死後も（生死を超えて）天地の
中に住み，天地金乃神のはたらきや慈しみを蒙る。

図11-2　金光教における「死」の全体像
出所：筆者（井上真之）作成。

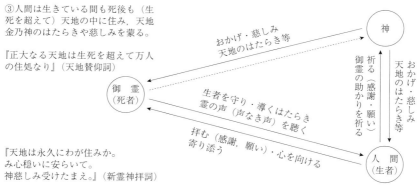

③人間は生きている間も死後も（生
死を超えて）天地の中に住み，天地
金乃神のはたらきや慈しみを蒙る。

『正大なる天地は生死を超えて万人
の住処なり』（天地賛仰詞）

神

御　霊
（死者）

おかげ・慈しみ
天地のはたらき等

祈る（感謝・願い）
御霊の助かりを祈る

おかげ・慈しみ
天地のはたらき等

生者を守り・導くはたらき
霊の声（声なき声）を聴く

人　間
（生者）

『天地は永久にわが住みか。
み心穏いに安らいて。
神慈しみ受けたまえ。』（新霊神拝詞）

拝む（感謝，願い）・心を向ける
寄り添う

図11-3　神・御霊（死者）・人間（生者）との関係
出所：筆者（井上真之）作成。

が分かれることである」とあります。魂は御霊とも呼ばれます。

　この「死」による肉体と御霊の分離については，図11-4に表しています。
なお，人間の死後に生き通しとなる御霊は各教会の広前や自宅にある霊舎（霊
前）に祀られ，亡骸である遺骨等は奥城（墓）に鎮められるのが一般的です。

2）葬儀と式年祭

　葬儀は人間が亡くなった直後に仕えられる儀式であり，式年祭は死後1年や
3年，5年，10年等の際に仕えられる儀式です。

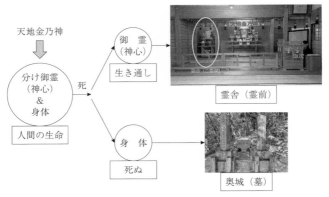

図 11 - 4　御霊と身体（肉体）の分離
出所：筆者（井上真之）作成。

　葬儀や式年祭で御霊（死者）に心を向ける時（祭詞奏上という，儀式で最も中心となる行事の中で），その人が生まれてから死ぬまでの人生や経歴に触れます。たとえば，この親のもとに生まれる，こういう学校や仕事に行く，老後はこうであった，などです。その際，生前の世の中や他者を助けたことなどの功績にお礼をしたり，苦労されたことを労ったり，無念な思いに寄り添って御霊（死者）の助かり（立ち行き）を願ったりします。そして，式年祭では亡くなった後から今日まで神心のある御霊，つまり霊神として生者を守り導いて下さっていることにもお礼を申し上げます。ここで大切なことは，御霊に拝む時に心を向ける範囲が，その人が誕生した時から始まり，生きる（人生・生涯），死ぬ，死後御霊となってから今日まで，ということです。

　式年祭の具体例です。先日，ある知的障がいがあった女性の死後 5 年の式年祭を仕えました。その方は，1928年生まれで2017年に亡くなられました。その方が生きてきた時代は，障がいに対する社会の理解があまりなく，仕事先では「脳足らず」と言われ，衛生状態の悪い所での下働きを何年もさせられたそうです。そのため，式年祭の際には，その方が生まれてからの人生に触れつつ，障害に対する理解がない社会で長年生きた苦労に寄り添い労いながら，祈りを込めました。そして，亡くなってから今日までの 5 年間，霊神として家族親族

をはじめ生者を守り導いてくれていることにお礼をしました。

3）御霊という存在

金光教における御霊は，「霊神」という側面と「死者」という側面を併せ持った存在です。

① 霊 神

神心のある御霊は，子孫をはじめ縁ある人，拝んでくる人に対して慈しみの心で受けて下さり，見えない御霊という存在ながら，生者を守り導くはたらき（霊神のはたらき）があると金光教では信じています。つまり，御霊（死者）が生者を助けるつながりが信じられています。そのため，御霊（死者）を霊神として日々拝み，感謝しながら生活をしています。このことから，死後に神心がある存在・霊神として祀ることは，人間の尊さや厳かさが死後まで保たれるはたらきがあるといえます。

また，自らの死後に，子孫をはじめ生者が助かるはたらきがより強く現されるためにも，生きている間に信心をして他者を助け，自己中心的な生き方をしないようにするなど，善い生き方を促すはたらきが生まれてきます。金光教では，これを「徳を積む」などの表現をします。

② 死 者

前述した葬儀や式年祭のように，生者は御霊を一人ひとり違う人生を送り，違う思いを抱え生きて亡くなった御霊，つまり死者としても心を向けて拝んでいます。

このことは御霊（死者）の声（声なき声）を聴く，想いを感じ取るというはたらきに展開します。たとえば，虐待やいじめを受けて亡くなった方など，苦しんで亡くなった御霊に心を向ける中で無念な思いや苦しみを感じることがあります。そのような時，金光教では御霊（死者）の助かりを神に祈ります。ここでは，生者が御霊（死者）を助けるようなつながりが生じてきます。そして，「『私』がどのように行動すれば，その御霊が報われるだろうか」と内省する中で生きる上で大切なことに気づかせてくれるなど，人の生き方に影響を与えることも多くあります。

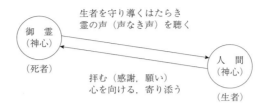

図11-5　御霊(死者)と人間(生者)とのつながり
出所：筆者（井上真之）作成。

　また，金光教では，人が亡くなった際にその人の御霊に名前をつけます。この名前を霊神名または諡号と呼びます。たとえば，井上真之が死んだら，井上真之大人という諡号をつけ，その後ろに之霊神とつけて『井上真之大人之霊神』という呼び方をするなどです。霊神名は実名など故人の名残を含んだ名となります。そのため，金光教における御霊は，他ならぬこの『霊・霊神』，という唯一性と独自性を持っています。

（3）死者・御霊と生者のつながり

　先述した御霊（霊神・死者）という存在を信じることで，御霊（死者）が生者を助け，生者が御霊（死者）を助けるような双方向のつながりが生じます。このつながりを図11-5に表しています。

　注
⑴　本章の第7節は，金光教教師である井上真之氏が執筆したものです。

第Ⅲ部　建学の精神における教養の学び

<table>
<tr><td>第 12 章</td><td>金光教と建学の精神</td></tr>
</table>

1　時代背景と概要

（1）時代背景

　金光大神が道伝えをした幕末・維新の時代，日本社会は大きな混乱の只中にありました。封建身分社会が崩壊し，近代資本主義社会が生み出された時代，数多くの人々が職や家を失っていました。全国の農村では農民一揆が起こり，膨大な生活困窮者たちが街道筋を彷徨い，町や村の中では強盗などの犯罪が頻発していました。また，農民たちは村内に進入してくる「物乞い」などの，「他所者」への恐怖と不安から，刀・竹槍などで武装して，彼らを排除する自衛活動を行っていました。そして，そのような状況は，金光大神がお広前を設けていた大谷村でも例外ではありませんでした（渡辺 2012：はじめに）。

（2）概　　要

　金光教は幕末維新期に農民教祖である金光大神（赤沢文治：1814～1883年）によって創唱され成立した新しい民衆宗教であり，新宗教の始まりに位置づきます。金光教は，日本における宗教改革と呼べるものであり，①人間平等，女性の尊重，不合理な俗信・禁忌の否定，道理や言葉の重視といった合理性，②儀礼といった外面的形式的な面より心といった内面の重視，③共同体・集団ではなく個人を大切にする個人主義的性格を持っています。また，信仰の「自己吟味・自己批判」に立つ自由な教学の立場を採っています。これらのことから金光教は，「日本が生んだ近代宗教の萌芽」（村上 1971：633）と評価されているように，日本で新しい宗教を志向しているものの一つです（荒木 1988：320）。

2　金光教のキーワード

金光教を理解するために，まず，金光教のキーワードと思われるものを説明します。

（1）金光教における神のはたらき

1）天地金乃神

金光教では，天地のはたらき＝「いのちのはたらき」を「神」と捉えます。それは「無限のいのち」であり，私たちの有限の生命の元，私たちの生命（いのち）を生み出すもの（源泉）でもあります。そうした人智を遥かに超えた「はたらき」を金光教は天地金乃神と表現しています（金光教本部教庁編 1993：28-29）。また，金光大神は，それを「神のはたらき」と捉えました（金光教本部教庁編 2003：517）。

天地金乃神は，幾千万年，天地のある限り，ただ一つです。神道や仏教も天地の間のものですから，天地金乃神は，神や仏といった区別に頓着しません。むしろ，「何々派と分かれ，言い争ったり凝り固まったりするような狭い心をもってはいけない」と言っています（金光教本部教庁編 1989：7）。天地金乃神は，次に説明する金光教の教祖に気づかれることで初めて，その神性（神の性質，はたらき）を現しました（金光教本部教庁編 2001：393）。

2）生神金光大神

生神金光大神は，以下で説明する「取次（とりつぎ）」による救済の働きを具現する人に与えられた呼称，また，その救済の働きのことです（金光教本部教庁編 2001：26）。ここでいう救済の働きとは，天地金乃神という超越的な「はたらき」のことであり，これまで生神金光大神と呼ばれていた人が，救済の働きを具現していなければ，その名称は取り消されることになります（金光教教師である澤田信吉氏・水野照雄氏の教示）。

キリスト教におけるナザレのイエスは，歴史上の人物ですが，キリストは，

救世主という「神のはたらき」を表します。生神金光大神は，キリストのような「はたらき」と解することができます。

3）「人間を慈しみ助けよう」

　自然界には，自然法則に示される力・はたらきがあります。それは善でも悪でもありません。しかし，「意味と価値に彩られた世界＝私たちが生きている世界」には，「神」や「法（ダンマ）」といった言葉で表現される普遍的法則が働いています。それは，科学（理性・論理＝ロゴス）によっては理解できない，人間の知を超えたものです。よって，その働きは「信じるか否か」といった次元の話になります。

　こうした普遍的法則を金光教は，天地金乃神（神のはたらき）と捉えました。その「はたらき（神）」は「人間を慈しみ助けよう」と願っています（金光教本部教庁編 2001：393）。

（2）神　　心

　神心とは，心の底から自然とこみ上げてくる，気の毒でかわいそうに思う気持ち，あるいは，いとおしく感じ，その人を何とか助けてあげたいという気持ちのことです（金光教本部教庁編 2001：12-13）。『金光教教典』に次の話があります。

　　「寒い日であったが，お参りをしておると気の毒なおじいさんに遭うたので，あまりのことに着ていた物を脱いであげた。それからお参りすると，金光様が，『才崎金光（片岡次郎四郎），今日は結構なおかげを受けたなあ。不幸せな者を見て，真にかわいいの心から，わが身を忘れて人を助ける，そのかわいいと思う心が神心じゃ。その神心におかげがいただけるのぞ。それが信心ぞ』とおっしゃったが，おかげを受けた者は，ありがたいことを知っておるはずじゃから，神様の心になって不幸せな者を助けてやらねばならぬ。」（金光教本部教庁編 2004：875）

　金光教における「かわいい」「かわいそう」とは，「かわいそうな人」と見下すような気持ちでは決してありません。そうではなく，自分自身は無心になり，「神のはたらき」により「放っておけない」「見過ごすことはできない」と思う気持ちのことです（金光教教師である澤田信吉氏の教示）。

（3）お か げ

　おかげとは，一般的に，神仏の助けや加護，あるいは，人から受けた恩，力添えのことです。金光教では，おかげを次の2つの水準で理解しています。1つは，天地に満ち溢れているもの，既に与えられているものです。もう1つは，そうしたおかげが，信心によって現れることです（金光教本部教庁編 2001：83-84）。

　これは，滝沢克己という宗教哲学者の「神と人との第一義の接触」と「神と人との第二義の接触」という区別と同様です（八木・秋月 1996：19-22）。こうした理解により，金光教，仏教，キリスト教は，同じ思考の枠組みで議論することが可能になります。

（4）分け御霊

　私たち人間は，「神のはたらき」を「魂」という霊的なものによって分有しています。この「霊」というのは，宗教によって見出された「聖なるもの」の次元のものです。そのため，ちょっとわかりにくいかもしれませんので，比喩を使ってみます。身体を1つの座標軸，心をもう1つの座標軸と考えれば，現代において無宗教の人は，身体と心という2次元で人間を理解しているようなものです。しかし，宗教は，そこに霊（聖）というもう1つの座標軸に気づきました。宗教を信じている人たちは，3次元で人間を理解しているようなものです。分け御霊は，霊（聖）という座標軸がないと，理解が難しいかもしれません。

　分け御霊は，①大いなるもの（神のはたらき）を志向しそれと響き合い，②人間の生を人間らしく整えるように促し，③困難な状況を何とかしたい，とい

ったはたらきをします。これを言い換えると，私たちは，①聖なるもの（尊厳），②助けたいという思い（慈愛），③自らを整える（理性）といったはたらきを「天地のはたらき」から分有している，となります（金光教本部教庁編 1993：37-43・367）。

　これはキリスト教における愛の分有という考えと同じです。ここに，「おかげ」における2つの理解と同様，金光教における普遍的叡智・慈悲を確認することができます。

（5）取　　次

　神から金光大神に委ねられた願いに沿い，人の願いを神に，神の思いを人に伝えて，神と人とが共に助かっていく世界を実現するための働きや，それに当たる役柄のことです（金光教本部教庁編 2001：418）。

（6）お 広 前

　お広前は，神の祀られている場所やそこに面した場所を指しますが，明治期になって，取次の働きが明確になるにつれ，お広前は，取次を受け，神の教えを聴く場所の全体を指すようになりました（金光教本部教庁編 2001：493）。全国各教会の「お広前」は，世間の人々の難儀が流れ込む「凹所」と理解することができます。人々の生活の場が平地であるとすると，その最も低い所にうがたれた穴，底辺のさらに底の，窪みのような場と空間が金光教のお広前です（渡辺 2012：30）。そこは，神を祀ってある場・空間というよりも，神の働きが満ち溢れた場・空間といえます（渡辺 2012：36-37，図12-1参照）。

（7）神と人間の関係

1）口のない神と人間の役割

　天地金乃神の願いは「人間を救い助けたい」というこの一心です（金光教本部教庁編 1989：14）。しかし，神は人間の口（言葉）をもっていません。金光大神は，神の子である人間の役割は，口のない神様を助けて，自分が受けた「お

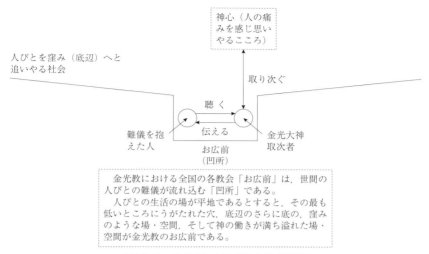

図 12-1　金光教におけるお広前（凹所）

出所：筆者作成。

かげ」の事実を，他の人に語り伝えることである，と教えています（渡辺2012：20-21）。

2）人事を尽くし，後は神に足してもらう

自分ですべきこと（できること）はしっかり行う。でも，誰にでも足りないところ，人間の力ではどうにも足りないところがある。それを補う（神に足してもらう）のが神のはたらきです（湯川 1990：131）。人事を尽くし，後は神に足してもらう，といった感じです。

（8）天地書附

金光教における究極的原理（根源的な教え）は，金光大神が60歳の時，1873（明治6）年4月11日に，神からの知らせによって書き記された「天地書附」にあります。それは「生神金光大神，天地金乃神，一心に願（ねがえ），おかげは和賀心にあり」です。ここでいう「生神」とは，「人間は神の子であり神の働きによって生かされている存在だ」という意味に解することができます。「お

かげは和賀心にあり」というのは，「そうした神の働きを生かすも殺すも自分の心次第だ」ということだと思われます（小澤 2004：19）。また「一心に」とは「いろいろなことに心を振り向けず，一つのことに心を集中して，物事にあたること」（金光教本部教庁編 2001：44）を意味します。

3　金光教の全体像

（1）教祖に対する理解

　自然宗教と創唱宗教という区別があります。前者は，自然発生的に生じ，教祖・経典（教え）・教団などがない中で，無意識に受け継がれていきます。後者は，教祖・経典（教え）・教団によって成り立ちます。キリスト教，仏教，イスラームそして金光教はこちらに属します。創唱宗教である金光教を理解するためのカギとなるのが教祖です。そのため，教祖である金光大神について，荒木美智雄の『宗教の創造力』に基づき説明します。なお，荒木は宗教学の中心であるシカゴ大学で博士号を取得し（20世紀を代表する宗教学者の一人であるミルチャ・エリアーデの下で学ぶ），その後，シカゴ大学の講師・筑波大学教授を経て，関西福祉大学の学長を務めました。

　金光大神は，社会構造の周縁・底辺に退き，そこに留まることで，社会構造（この世界）を超えたところで働いている神（天地金乃神）と，この世界の中で暮らす人たちとの間で，取次によって仲介をします。そしてそれにより，人間と世界に対する新しい意味づけを創造し，難儀な状況の人たちを解放（救済）します（荒木 2001：17・22・31-35）。

（2）金光教の全体像

　図12-2に沿って金光教の全体像について説明します。まず，大きな長方形は私たちが生きているこの世界を表します。その中に凹所（底辺）に立つ教祖である金光大神がいます。金光大神は自らの宗教体験により，本来的な意味と価値づけの源泉である天地金乃神（天地のはたらき），その願い・意志を感じる

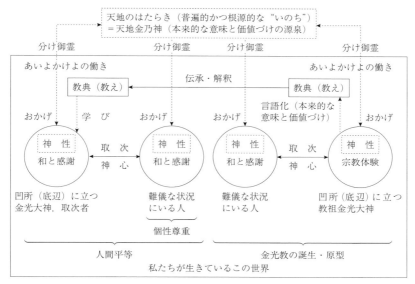

図 12‐2　金光教の全体像

出所：筆者作成。

ようになります。そして，イエスやブッダとは異なり，教祖が宗教的自叙伝を書き遺しています。それが金光教教典（1983年刊行）に含まれています。この教典が信仰の源泉であり，本来的な人間と世界の理解の源泉となります。そこには，この世界を超えたところに，天地金乃神（天地のはたらき）があり，その働きにより，①私たちには分け御霊が分有されていること，②私たちはおかげをいただいていること，③人はみな神の子であることが理解されます。そして，④「あいよかけよの働き」により，難儀な状況から解放されえること，⑤それにより本来的な世界に対する理解，本来的な人間へと近づけることなどが，教祖による「取次」により理解されます。これが金光教の元型であり，こうして金光教は生まれました。図12‐2でいえば，右半分となります。

　金光教の元型は，いまも難儀な状況にいる人に対する「取次」により行われています。図12‐2でいえば，左半分です。

　「取次」を通して，天地金乃神（天地のはたらき）の願いや意志が理解され，

人びとに伝えられます。それは，①人は「神の子」として平等である，②難儀な状況の人がいたら助けること（慈悲）が本来の人である，③「あいよかけよ」の中で，一人ひとりの個性を尊重しながら，本来的な人間が形成される，④こうした「はたらき」に包まれている，あるいは，おかげを頂いていることに気づくことで，和らぎの心と感謝の気持ちが芽生える，といったことです。こうした願いが関西福祉大学の建学の精神に込められています。

4　普遍宗教としての金光教

　普遍宗教とは一般的には，世界的な広がりをもった宗教という意味です。この意味においては，金光教は普遍宗教ではありません。しかし金光教は，キリスト教や仏教のような普遍宗教と同様の構造と教えをもっています。そのことを，図12-3に沿って説明したいと思います。

　図12-2と同様，大きな長方形は私たちが生きているこの世界を表します。その中に凹所（底辺）に立つ教祖である金光大神がいます。この位置にイエスやブッダがいます。これらの存在の最大の特徴は，世界を超越した次元における「はたらき」に目覚めたことです。それは，金光大神であれば「天地金乃神」，イエスであれは「父なる神」，ブッダであれば「法（ダンマ）」と表現されました。この目覚めという宗教体験を経て語ったことや行ったことが教典や聖書にまとめられ，金光教，仏教，キリスト教が生まれます。それは，この世界に対する非本来的（非人間的）な見方に代わる，本来的（人間的）な見方・世界観を開示するものです。

　本来的（人間的）な見方・世界観を開示する天地金乃神，父なる神，法（ダンマ）といった「はたらき」が，私たちの世界で働いています。このことを哲学者・神学者である滝沢克己は神の第一義の接触といいました。しかし，そのはたらきに私たちは気づきません。こうしたはたらきに気づいたのが金光大神，ブッダ，イエスといった人たちです。

　難儀な状況の人に手を差し伸べる「はたらき」は，金光教では「神心」，仏

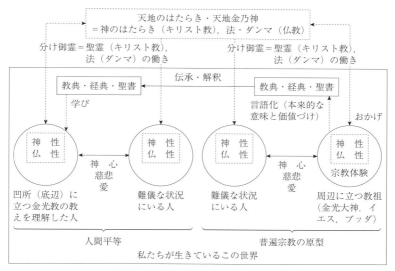

図 12-3　金光教の普遍性

出所：筆者作成。

教では「慈悲」，キリスト教では「愛」と表現されます。また，その「はたら
き」は，人間一人ひとりを等しく扱うことを要請します。そのため，金光教，
仏教，キリスト教では等しく「人間平等」が主張されています。

　私たちは，そうした「はたらき」に気づく可能性を秘めています。それは金
光教やキリスト教では神性，仏教では仏性と表現されるものです。そうしたも
のを呼び起こすのが教典や聖書に記されている言葉です。私たちは，そこにあ
る「言葉」を通して，本来的（人間的）な見方・世界観に思考・感性が拓かれ
ます。

　以上の通り，金光教には仏教やキリスト教と同様の構造と教えがあります。
これが，金光教が普遍宗教と言える理由です。

5　宗教的教養と金光教

（1）天地金乃神（天地のはたらき）との出会い

1）教祖の宗教的回心──人間中心から神中心の主体の生成

　金光教の教祖である金光大神（本名は赤沢文治）は，相次ぐ家族の死に遭い，その苦難を克服するために民間信仰の様々な神仏に加護を求めました。しかし42歳の時，ついに自分自身が大病になり，医者に見放されてしまいました。自分の死に直面して，決定的な「行きづまり」を体験した揚句に，すべてを神に委ねて，平静に受け入れています。そのような状況下で親類縁者が集まり，一家の主の病気平癒を願って当時の習俗の便法の一つ「御祈祷」を始め，その中で金光大神は大きな宗教的回心体験を得ます（荒木 1988：325-326）。それは，天地金乃神に対する認識の深まりから起こる体験です。この体験においては，世界に対する認識が，人間中心から神中心の眼差しへと変化します。これは自分の中にあった神性の発見であり，新たな主体の再編過程を意味します（磯前 2019：49）。

　その後，46歳の時，農業をやめ，この後に説明する取次に専念するようにとの神の「お知らせ」を受け，もっぱら神前での取次を続けていくようになります（島薗 2020-b：190-191）。天地金乃神の頼みを受け金光大神は，自分があこうしたい，こうしたいという欲を放って，神の願いである，苦しんでいる人間を助けたいという神の心に自分を捧げて生きていくことになりました（金光教本部教庁編 2003：128-135）。

2）金光教教師の宗教的回心

　以下の内容は，金光教加里屋教会長であり関西福祉大学非常勤講師を務められている井上真之氏が，「生と死の教育」（2023年5月16日）という授業で話されたものです。

　　「私は，人に対する恐怖心から，高校一年生の時不登校に陥り，外出す

ら困難になった時期がありました。学校に行くこともできず，働くことも
できませんでした。そんな自分自身に対し，「こんな自分には何の価値も
ないのではないか」と感じ，苦しんでいました。

　当時の私は，何かが「できる／できない」ということに囚われ，それに
より人間が値踏みされてしまう世界が当然だと思って生きていました。た
とえば，学校に行って勉強ができているから愛される，仕事ができてお金
を稼いでいるから大切にされる，エリートだから生きている価値が高い，
などです。逆に言えば，何かができないと大切にされず，役に立たない，
価値が低いとされて見捨てられる，そんな冷たく不安な世界を生きていま
した。

　「自分の価値を早く作らなければいけない」と焦る私が，金光教の『取
次』をいただくことになりました。その中で，取次者である教会の先生は
こんな言葉をかけてくれました。「あなたがどこの学校や仕事に行ってい
るか，さらに言うと学校や仕事に行くことができているかいないかよりも，
あなたが幸せに生きているかどうかにまず興味があり，それを大切に思い
ます」と。当時の私にとっては新鮮であり，慈愛を感じる言葉でした。

　『取次』の中で，このような言葉や寄り添ってくださる態度を頂き，『天
地金乃神』と出会う中で，私の世界に対する認識が大きく変わっていきま
した。それは，「私がどんな状況や状態であっても，どんな個性であって
も『神』は愛し慈しんで下さり，かけがえのない存在として大切にしてく
れるのだ」という温もりや安心のある世界です。そして，その安心な世界
は，当時精神的に不安定だった私を大きく回復させ，生きる意欲を湧き起
こしてくれました。

　金光教では，このような神の慈しみはすべての人間一人ひとりに掛けら
れていると理解しています。神のはたらきや一人ひとりに対する慈しみが
まず世界の根源にあり，その上で学校に行くとか仕事に行くなど，それぞ
れの個性に基づく様々な生活や営み，成長があります。この世界観を大切
に，現在私は金光教教師として『取次』の業にあたっています。」

ここに宗教的回心の経験が語られています。

（2）天地金乃神（天地のはたらき）が示した知恵

1）根底にある神心

　神心とは，自分の都合に合うように，わが力で何事もしようとする人心（ひとごころ）に対して，他の人への思いやりや，慈悲，いたわりの気持ちや，自分の計らいを捨てた心を指します。金光大神は難儀に苦しんでいる人に出会った時，心の底から自然と込み上げてくる，気の毒でかわいそうに思う気持ち，あるいはいとおしく感じ，その人を何とか助けたいという気持ちを神心と説きました（金光教本部教庁編 2001：121-122）。

　教祖は回心と呼べる宗教的体験を経て，自身の中に天地金乃神（天地のはたらき）を感じ，その働きに基づく「生」を送るようになります。そこで見出された知恵の根幹にあるのが神心です。

2）人間の本来的なあり方

　金光大神の信心の話は，「わたし」といういのちの中に，神がはたらいていることがわかり，「わたし」の中に神といういのちのはたらきを現そうとする話です（金光教本部教庁編 1993：296）。ここに示されている通り人間は，神のはたらきが顕現する「場」であり，以下で述べる「あいよかけよ」の相互作用により，神のはたらきを実現していく存在です。

3）人間の知恵

　人間は自分の力を信じるあまり，天地や神までも自由にできると思ってしまいます。金光大神は，それが難儀の基になっており，人間の知恵が限られたものと自覚することが大切だと説いています（金光教本部教庁編 2003：526）。

（3）天地金乃神（天地のはたらき）に適う「生」

1）神に心を向けた生き方

　金光大神は自己中心の欲について，「勝手な欲を出すな。みな我欲なことをするから，困ることになる」「世の中で一番汚いのは欲である」と戒めていま

す。そして，「人の心は移り変わりやすいものである。人を頼りにするから，腹を立てたり物事を苦にしたりすることになる。人に向かう心を神に向けよ」と，神に心を向けた生き方を勧めています（金光教本部教庁編 2003：527-528）。

2）あいよかけよの「生」

この世界の根源的な働きである天地金乃神（天地のはたらき）は，人間が助かることを願っています。人間はこの神の恵み・働きの中で生かされており，その働きを受けて真実の生き方を進め，神の願いを現すことができます。こうした関係にある神のはたらき（呼びかけ）に応える，神の願いを実現していく神と人とのあり方を示しているのが「あいよかけよ」です（金光教本部教庁編 2001：121-122）。

「あいよかけよ」という呼応関係の中で，徐々に神の願いを感じられると，人の苦しみ・痛みがわが事と感じられ，困難な状況の人に対して何とか助けたいという神心が現れます。その心は，まずその人の話を聴く，その人と話をするという実践，そして，親切を尽くすという実践に駆り立てます。しかし，その困難に対して，自分の力ではどうにもならない時もあります。その時は，その人のことを，その困難から解放されることを祈ります（金光教本部教庁編 1993：290-312）。

3）生活が修行の場

金光大神は「人間は人間らしくすればよい。何も求めて不思議なことをしなくともよい」と教え，とりわけ日常生活を営む中で，体の行よりも心の行に努めることが大切であると説きました（金光教本部教庁編 2003：537）。具体的には，不自由や家業も修行と理解し，特別なことをするよりも，日常生活を行として継続することの大切さを説いたのです（金光教本部教庁編 2001：152-153）。

6　文学者と金光教

小川洋子さんは，芥川賞をはじめ，さまざまな文学賞を受賞し，また，芥川賞などの選考委員を務める日本を代表する文学者です。本章では，金光教につ

いて説明してきましたが，金光教の家庭環境で育った小川さんの言葉は，まるで写真のように金光教の世界の一端を切り取って，読者の前に差し出します。

（1）小川洋子さんの言葉

1）小説と小川さん

① 死者たちの声

「『アンネの日記』を通してホロコーストの問題に関心を持った私は，作家になってから２度，ポーランドのアウシュヴィッツ強制収容所を訪れました。そこには，命を奪われた人々の遺品が大事に保管されています。…（中略）…この中に，アンネの靴もあるかもしれない。おしゃれな彼女がいつも丁寧にすいていた髪の毛もあるかもしれない。

そう思った時，私にとって遺品の山は，単なる品物ではなくなりました。潰れた靴一足，もつれた髪の一束，それら一つひとつ全てが，かつて自分と同じこの世界にいた人々の，声なき声，生きた証しなのです。

この，言葉にならない死者たちの声を聴き取り，書き記してゆくのが作家の役目だ。その時私は初めて，自分の仕事の意義を悟りました。」（小川 2023：10-11）

「世界の片隅に追いやられ，誰にも届かない小さな声で語られる死者たちの物語を，どうにかして受け止めようとする強い思いだけが，私を支えています。」（小川 2023：17）

② 自分以外の何ものか

「『自分の書く小説など，たかが知れている。もう，ここまで来たあとは神様にお任せする。それしかない』と思えた時，不思議にふっと，新しい光が射すのを感じたりします。書くべき小説の世界が見えてくる。しかしそれを見ているのは自分の目ではなく，自分以外の偉大な何ものかである。

そうしてようやく私は，書き始めることができるのです。」（小川 2023：35）

　「小説を書き終わった時，本当にこれを書いたのは自分なのだろうか，という不思議な感覚に襲われます。偶然の力，登場人物たちの助け，そういう自分以外の何ものかの働きがなければ，とてもここまでたどり着けなかった，という感慨です。

　その，何ものか，を神様と仮定しても，矛盾はありません。神様は先回りをして，小説の行くべき道を示し，私を引っ張ってくれるわけではありません。私の隣にいるのです。私と同じように不安を抱え，迷っています。けれど，決して私を見捨てません。その絶対的な安心があるからこそ，小説を最後まで書き通すことができるのです。」（小川 2023：18）

2）神のはたらき

①　言葉を超えるもの

　「『金光教って，どんな宗教ですか？』

　時々，そう尋ねられることがあります。とても簡単には答えられないので，一瞬，言葉を失ってしまいます。そもそも，言葉にできない何かを心で感じ取るのが宗教であり，1行や2行で表現することなど不可能なのです。…（中略）…

　私たちはあらゆるところに神を感じ取ります。それは決して言葉に置き換えたり，分かりやすく目に見えたりしない形で，潜んでいます。人間の方がちゃんと心でキャッチし，そのおかげに感謝する気持ちを捧げてこそ，神は本当に存在できるといえるのではないでしょうか。」（小川 2023：36・39）

② 無になり気づく

　「自分を小さくすればするほど，無力になればなるほど，偉大な自然の
営みに気付かされる。人間の頭脳だけでは決して作り出せない，ホーレン
草やチンゲン菜やキャベツの不思議，ナメクジやアリや青虫の賢さに心打
たれる。人間が編み出した道具である言葉の通じない世界にひと時身を置
くと，自分が壮大な世界の一部として，その大きさの中に包まれているの
だ，と実感できて安堵する。」（小川 2023：7）
　「私は，『じっと眠たくなるような心持ちになれ』（『天地は語る――金光教
教典抄』232にある言葉：筆者加筆）という言葉が好きです。一生懸命考えろ，
努力しろ，というのではなく，眠たくなるような心持ちになれ。とても深
い優しさを含みながら，難しい言葉です。小説を書いていて行き詰まると，
私はすぐに眠くなるのですが，きっとそんな単純な話ではないでしょう。
眠っているのと変わらない無心になれなければ，新しいものは生み出せな
い，ということなのかもしれません。まだまだ，小説を書く厳しい修行の
道のりは続きます。」（小川 2023：35）

3）大切な人
① 祖　父　母

　「子ども時代のことで，１つ鮮明に覚えているのが，あらゆるものごと
に感謝する祖父母の姿です。…（中略）…祖父母のおかげで，私は子ども
の頃から，感謝される，という経験を重ねることができました。誰かに感
謝されるとは，言い換えれば，私という存在が許される，認められる，尊
重される，という経験だったかもしれません。」（小川 2023：8-9）
　「私や弟が急に熱を出したりすると，母は病院に連絡をするより前にま
ず，同じ敷地内にある教会へ走り，祖母を呼んでくるのが常でした。布団
に寝かされ，苦しんでいると，中庭に面したガラス窓に，両手を合わせて

こちらに向かって来る祖母の姿が映ります。腰の曲がったその小さなシルエットが目に入るだけで,

『ああ, おばあちゃんが来てくれた』

と, 母も安堵の声をもらします。まるで, おばあちゃんさえいてくれれば, あとは何の心配もない, とでもいうかのようでした。

『あらまあ, かわいそうになあ』, 祖母は息を弾ませながら枕元に座り,

『金光様, 金光様……』

と言って背中をさすってくれます。祈りのこもった, 祖母の掌の感触が, 私の体をすっと楽にしてくれます。あれは本当に不思議な, 理屈では説明のつかない体験でした。病気の私を救ってくれたのは, どんな薬でも名医でもなく, すぐそばにいて, 私のために神様に祈ってくれる, 祖母の存在だったのです。

　祖母は別に, 手をかざすだけで病気を治すような, 特殊な能力を持っていたわけではありません。祖父を助け, 教会を切り盛りしながら, 7人の子どもを育て, 数えきれないほどのひ孫に恵まれて生きる, ごく平凡なおばあちゃんです。ただ, 彼女には揺るぎない信仰がありました。世の中のすべてに対し, 感謝の念を捧げることのできる信心でした。…（中略）…

　亡くなってからも祖母はきっと, 多くの人々のために祈ってくれているでしょう。苦しむ人々の背中をさすっているでしょう。今でも私の背中にはあの掌の感触があります。」（小川 2023：25-27）。

② 中山亀太郎

小川さんは文学を勉強するため, 1980年, 早稲田大学に入学します。大学の4年間は, 金光教信者のための, 金光教東京学生寮で暮らしています。そこの寮監をされていたのが中山亀太郎先生です（小川 2023：20）。

　　「先生は5歳の頃, 買ってもらったばかりの下駄が線路に挟まり, それを取ろうとして汽車にひかれ, 両手と片脚を失われました。しかし, お母

様の愛と金光教の信仰を支えにして，困難の中，運命を切り開いてこられました。…（中略）…

　先生は寮生たちに余計なことは何もおっしゃいませんでした。小言をこぼされたり，不機嫌な様子を見せられたり，雷を落としたり，といったことが一切，一度もなかったのです。先生はただそこにいるだけで，私たち学生に人生の重みを伝えてくださいました。言葉など必要ないのです。先生が背負ってこられた過酷な運命の前で，言葉が何の役に立つでしょうか。無言の中にこそ，言葉にできない真実を感じ取ることができたのです。…（中略）…

　言葉で組み立てられた理屈ではなく，浄化された苦しみが美しい結晶となったような無言の中で，先生と向き合うことができた経験は，私の中で今でも，貴重な宝物となっております。」（小川 2023：22-23）

4）自分のいのちより大事なもの

① 産　　声

　「子どもの産声を聞いたとき，なんて哀しそうな声で泣くのだろうと思いました。これからの人生で出会う様々な哀しみを予感しているかのような，その切ない響きを耳にし，私自身，喜びという単純なひと言では到底表しきれない感情を抱きました。私が手を放せばあっけなく死んでしまうほどに未熟な，この小さないのちの塊が，ただひと筋私を頼りとしてこうして泣いています。引き継がれていく生命の原点に触れ，畏怖の念を覚え，頭を垂れてただ祈るしかない，という心持ちでした。」（小川 2023：13）

② 子 育 て

　「自分のいのちよりも大切な何か…。若い頃は，そんな発想は全くありませんでした。いつどんな場合でも，自分が一番大事。自分の問題が何よ

り最優先でした。…（中略）…

　自分のいのちよりも大事なものと出会うことが子育てだ，とようやく分かったのは，とうに子育てを卒業し，孫まで生まれた今になってからでした。3時間置きにおっぱいをやり，熱のある子どもの背中をひと晩中さすり，朝5時に起きてお弁当を作っていた，あの必死な日々が，いかに幸せであったか。愛する者のために喜んでいのちを差し出せる自分になれたことが，いかにありがたかったか。全てが過ぎ去ってから，気付いたのです。…（中略）…

　もし明日，自分が死ぬことになったと言われたとしても，驚く必要はありません。息子と孫が庭にしゃがみ込み，二人で一緒に蟻を見つめている様子を窓越しに眺めていると，私はただもうありがたい気持ちでいっぱいになります。若い者たちのために，静かにいのちを差し出したとして，どうして嘆き悲しむ必要があるでしょう。

　そういう心境にさせてくれたのが，私にとっての子育ての体験です。」

（小川 2023：12-15）

（2）文学者が示す宗教的教養

1）神がいる世界

　小川さんは「自分を小さくすればするほど，無力になればなるほど，偉大な自然の営みに気付かされる」（小川 2023：7），「眠っているのと変わらない無心になれなければ，新しいものは生み出せない，ということなのかもしれません」（小川 2023：35）といいます。無力・無心になることで「天地のはたらき（神のはたらき）」に気づくということなのでしょう。その神は一神教のように，遥か彼方にいる絶対的で完全な存在・はたらきではなく，すぐ近くにいて，自分と同じように不安を抱え，悩む，しかし，絶対に見捨てない神です。

　小川さんは，祖母のような人たちの中で育ち，大学では中山亀太郎のような人と出会うことで，神がいる世界（天地のはたらきを感じる世界）で子育てをし，小説を書かれているのでしょう。

209

２）感謝と個性

　作家・批評家・哲学者であるモーリス・ブランショは，生き残っているナチス側の者によって強制収容所のことが語られ，その語り・証言によって強制収容所の歴史が支配（全体化）されていくことに抗し，忘却されている無名のかけがえのない人々の声に耳を傾けました（中村 2014：300-301）。その声とは「あちら（アウシュヴィッツ，ベウゼッツ，ソビブール，トレブリンカ）にいたすべての人の願いは，最後の願いは，これである。何が起こったのかを知ってください。忘れないでください。しかし同時に，あなた方はけっして，知ることはないでしょう」（ブランショ 2005：320-321）。「忘れないでください」という声・願いは，1980年代以降，ブランショが憑かれたように繰り返す言葉となった（郷原 2005：348）。また，思想家の内田樹は「およそ文学の世界で名声を博した者の過半は「死者から受ける影響」を扱っている。文学史はあまり語りたがらないが，これはほんとうのことである」（内田 2007：58）と述べている。

　これらの言葉を聞くと，改めて，小川洋子さんが世界的な文学者であることが分かります。その小川さんは「考えてみれば私は，小説を書く以外のほとんど全ての仕事をすることができません。…（中略）…世の中は，自分にできないことをやってくれている誰かのおかげで成り立っているのです」（小川 2023：29）と述べています。おかげとそれに対する感謝の中で，小川さんは文学者という自らの個性を理解されているように思えます。

３）真実（美しさ）に触れる

　　「もし明日，自分が死ぬことになったと言われたとしても，驚く必要はありません。息子と孫が庭にしゃがみ込み，二人で一緒に蟻を見つめている様子を窓越しに眺めていると，私はただもうありがたい気持ちでいっぱいになります。若い者たちのために，静かにいのちを差し出したとして，どうして嘆き悲しむ必要があるでしょう。」（小川 2023：15）

　この言葉に，美しさと伴に人間の真実を感じるのは私だけではないでしょう。

金光教が見出した真実が，いま，私たちの目の前にあります。

7　建学の精神の基盤となる金光教

　関西福祉大学の建学の精神は，金光教における「天地のはたらき（天地金乃神）」と「人間（実際に建学の精神を定めた人たち）」が協働して定めたものと理解すべきものです。先に示したように，金光教はキリスト教や仏教と共通する枠組みやはたらきを持っています。そのため，ここでは「天地のはたらき」と「人間」の関係性を，キリスト教や仏教の知見を参考にして明らかにします。

（1）神（愛）のはたらきと人格

　この世界の究極的な根源である神は，いわば相互的な愛の交流のエネルギーのようなものです（山本 2022：88）。人格とは，神（愛）のはたらきの中にある，代替不可能な個人のことです。自然界には物理法則があり，それによって秩序が保たれています。しかし，それを意識することはほとんどありません。同様に，私たちに人間が生きている精神的世界（様々に意味づけ，価値づけをされた世界）にも，神（愛）のはたらき，法（ダンマ），あるいは「天地のはたらき」が作動しています。物理法則については科学によってそのはたらきを証明できます。しかし，宗教が見出した超越的な聖なる「はたらき」は，科学によってそのはたらきを証明することはできません。それは信仰の対象です。

　キリスト教は，神のはたらきを信じています。それは「愛のはたらきのネットワーク」といった網となり，その中で，私たちは交流しています。この網の代替不可能な結節点，それが人格です。

（2）法（ダンマ）と業熟体

　行者（修行を行う者）であり，かつ，学者でもあった玉城康四郎は，法（ダンマ）が顕わになるという解脱を経験し，そこで経験した人間のあり方を，経典にある「業熟体」と表現しています。それは以下のようなものです。

　「限りない過去から，生きとし生けるもの，ありとあらゆるものと交わ
りつつ，生まれかわり死にかわり，死にかわりながら輪廻転生し，いま，
ここに現われつつある私自身の総括体であると同時に，ありとあらゆるも
のと交わっているが故に，宇宙共同体の結び目である。私性の極みである
とともに公性の極みである。しかもその根底は，底なく深く，無意識であ
り，無智であり，無明であり，暗黒であり，あくたもくた，へどろもどろ
である。」（強調は原文，玉城 2021：62-63）

　私性の極みとは，代替不可能なかけがえのないこの私ということでしょう。
それが，法（ダンマ）という「はたらき」が生み出し網の結節点であるがゆえ
に，公性の極みなのです。こうした人間のあり方が，解脱によって悟られる人
間の本来のあり方のようです。
　網は，ブッダであれば法（ダンマ）・如来，キリスト教では聖なるプネウマ
（息吹き），ソクラテスにおいてはダイモーン（神）の声，孔子では天命と呼ば
れます（玉城 1995：93）。

（3）建学の精神の思想的基盤

　以上の点を踏まえ，建学の精神を生み出す思想的基盤についてまとめます。
まず，私たちが暮らしている移ろう不完全な世界を遥かに超えた聖なる「はた
らき」があります。それは一神教では「神のはたらき」，仏教では法（ダンマ），
金光教では「天地のはたらき」と表現されます。こうした「はたらき」が歴史
を貫通して働いています。その中で，私たちは身体をもって，この移ろう世界
の中に生まれ，やがて死を迎えます。
　この世界には，神（愛）のはたらき，法（ダンマ）の一つの姿である縁起，
おかげが働いており，私たちは，そのはたらきの網の結節点です。網には，①
一人ひとりの根源的特性である聖性（尊厳，仏性，神心），②一人ひとり個別性
を生み出す個性（単独性），③一人ひとりの心の平静さを生み出す恩恵（おかげ）
が働いています。

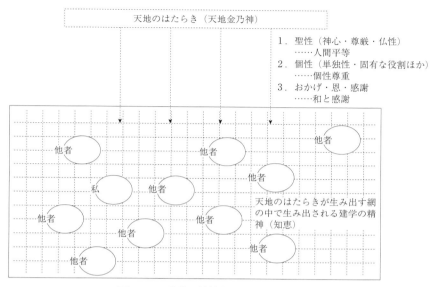

図12-4　建学の精神を生み出す思想的基盤

　①の働きから生まれるのが人間平等，②の働きから生まれるのが個性尊重，③の働きから生まれるのが和と感謝という関西福祉大学の３つの建学の精神です。以上を視覚的に整理すると図12-4となります。

　こうした世界観と人間理解（思想的基盤）に基づき，これ以降では，関西福祉大学の建学の精神について説明していきます。

第 13 章	人間平等

1　不平等という非本来的なあり方

（1）ヒエラルキー（階層化）と不平等

1）ヒエラルキーと差別

　人類は，大規模な協力ネットワークを維持するのに必要な生物学的本能を欠いています。にもかかわらず社会の秩序を維持できているのは，人類は想像上の秩序を生み出せたからです。それはヒエラルキーを成し，階層化を生み出しました。そこでは，上層の人びとは特権と権力を享受しましたが，下層の人びとは差別と迫害に苦しめられました（ハラリ 2016-b：170）。

　いくつかの例を見てみましょう。ハンムラビ法典は，上層自由人・一般自由人・奴隷という序列を定めています。上層自由人は人生の楽しみを独り占めし，一般自由人はそのおこぼれに与りました。奴隷は不平を言うものなら叩かれました。カースト制に固執するヒンドゥー教徒は，人知を超えた宇宙の究極の力がカーストの優劣を定めたと信じています。アメリカ人が1776年に打ち立てた想像上の秩序は，万人の平等を謳っていながら，ヒエラルキーを定めていました。この秩序は，そこから恩恵を受ける男性と，影響力を奪われたままにされた女性との間に，ヒエラルキーを生み出しました。また，自由を謳歌する白人と，下等な人間と見なされて人間として対等の権利を与れなかった黒人やアメリカ先住民との間に，ヒエラルキーを生み出しました（ハラリ 2016-a：170-173）。

２）所得・富の不平等

①　政治的権力に基づく不平等

　漢王朝とローマ帝国は，ともにその最盛期は，地球上の全人類の約¼を従えていました。ここでは，政治的な権力こそが所得と富の増大の源であり，それが商業活動と密接に絡み合って，物的不平等の強力な決定的要因となっています。この２つの帝国は，余剰の着服と集中化が高い不平等を生み出すというロジックを共有しています。帝国の統治は，大々的な規模で，権力の掌握者を裕福にできる資源の流れを作り上げていました（シャイデル 2019：84・106-107）。

　ここに象徴的にみられるように前近代社会・前近代国家では，政治による強制的な形で所得と富の集中化がなされ，不平等が広がり固定されていきました（シャイデル 2019：112-113）。

②　経済の発展に基づく不平等

　15世紀半ば過ぎ以降のヨーロッパでは，軍事力の維持に経済モデルの基礎を置く財政＝軍事国家の形成，海外植民地帝国の誕生，世界貿易の拡大が相まって，新しい交換のネットワークを育みました。こうして統合が進む全世界的な体系は，富の集中，規模における貧富の差を広げました。具体的にいえば，最も裕福な１％の富のシェアは，1700年には39％でしたが1910年代初めには69％までに増大しています（シャイデル 2019：122-123・137）。

（２）平和と不平等

　古代史家のウォルター・シャイデルは，次のことを明らかにしました。

　　「様々な社会の様々な発展段階において，社会が安定すると経済的不平
　　等は拡大した。言い換えれば，数千年にわたり，文明のおかげで平和裏に
　　平等化が進んだことはなかった。既存の秩序を破壊し，所得と富の分配を
　　均し，貧富の差を縮めることに何より大きな影響を果たしたのは，大量動
　　員戦争，変革的革命，国家の破綻，致死的伝染病の大流行という暴力的破
　　壊であった。」（シャイデル 2019：8）

　　「文明の夜明け以来，経済力と国家建設における絶え間ない進展は不平
　　等を増大させるだけで，抑制する働きは皆無に等しかった。」（シャイデル
　　2019：503）

　シャイデルによって示された歴史的事実は，「平和・社会的安定と平等の両
立は不可能に近い」ということです。

（3）平等の衰退

1）秩序・自由・平等といった価値のバランス

　人類は社会を階層化することにより秩序を維持してきました。その代わりに，
多くの人の自由と平等は犠牲になりました。当たり前ですが，秩序が無ければ
社会が成り立ちません。よって，社会においては，まず「秩序」という価値が
重視されてきました。これに対して資本主義経済社会は，封建制度を解体する
ことで，自由を重視しながらも一定の秩序をもたらしました。しかしそこでは，
著しい経済格差や能力が人を新たに階層化することで，平等は変わらず犠牲に
なっています。

　この状態の改善のために提示されたのが，社会主義や共産主義の政治体制で
す。これにより第二次世界大戦後は西側と東側の冷戦構造が生まれましたが，
ベルリンの壁の崩壊に象徴されるように，経済においては資本主義が世界全体
に行き渡っています。資本主義経済社会において自由が重視されると，資本家
や労働能力が高い人たちは裕福になる可能性は高くなりますが，そうでない人
は貧困状態に陥る可能性が高くなります。

2）55年体制

　20世紀後半の日本の政治体制は，55年体制と呼ばれることが多くあります。
それは，自由民主党を軸とする勢力と，社会党を中心とする勢力のせめぎ合い
を中心に，日本の政治が動いていたことを表現しています。この体制は“自由
なるもの”と“社会なるもの”の拮抗だったといえます（市野川 2013：vi-vii）。
しかし，戦後の世界を二分していた自由主義と社会主義（共産主義）という冷

戦が崩壊すると，日本の社会的な勢力も1990年代以降，極端に衰退化していきました。そして，1996年の日本社会党の消滅とともに55年体制は消滅します（市野川　2013：vii・ix）。

　現在の日本社会は，秩序と自由という価値を重視していますが，平等は，まだまだ重視されていません。

（4）現代における所得・富以外の不平等

1）社会が放置している不平等──生きること自体に対する不平等

　ほとんどの"いのち"は，この世界の中に生を受け，戸籍にその名が刻まれ，人生をスタートさせます。しかし，この世界に生を受けたものの「生きること」が叶わなかった"いのち"があります。たとえば2021年4月1日〜2022年3月31日の間において，把握されている子どもの虐待死（心中以外）は50人でした。このうち「0歳」が24人（48.0%）で最も多く，0カ月での死亡も6人いました（「こども虐待による死亡事例等の検証結果等について（第19次報告）」）。虐待により，「子どもにすらなることができなかった"いのち"」があるのです。

2）ケイパビリティの不平等──障がいがある人たちの暮らしの場

　ケイパビリティとは，ある人が大切にする価値観に基づき，何かを行ったり，何かになったりできる，実質的な自由（人生の選択肢）のことです。今日において，そして世界的にみて，平等に保障すべきはケイパビリティであるといわれています。

　入所施設で暮らしている障がいがある人たちは，障がいがない人と同じく，元々は地域で家族と暮らしていました。しかしながら，在宅で利用できる福祉サービスだけではその暮らしを支えることができず，入所施設しか選択肢がありませんでした。

　障がいがない人は，地域で家族と暮らす，一人でアパートなどで暮らすといった選択肢があります。一方，重い障がいがある場合，「地域で暮らす」という当たり前のことすらできず，入所施設での暮らしを余儀なくされています。

2　教養が見出した平等

　シャイデルによれば，経済力や国家の進展は不平等を増大させるだけであり，不平等が減少するのは，大量動員戦争，変革的革命，国家の破綻，致死的伝染病の大流行という暴力的破壊の時期でした。この歴史における事実の中，それでも宗教的教養や哲学的教養は，平等という知恵・智慧を見出しました。

（1）哲学的教養
1）古代ギリシア

　歴史上のほとんどの地域においては，国王という権力者による支配秩序がなされ，不平等が一般的でした。そのような中，古代ギリシアのアテネでは，市民における法の下の平等（イソノミア）という政治のあり方を生み出しました。しかし，そこにおける平等は市民と見なされた人たちだけであり，奴隷は平等には扱われませんでした（的射場 2003：4-8）。

2）自然状態における平等

　17世紀，ホッブスは『リヴァイアサン』の中で「造物主は人間を心身のさまざまな能力において平等につくった」（ホッブス 2014：212）と述べ，また，自分のしたいことをするという平等の権利を，自然権として持っていると考えました（的射場 2003：15-16）。哲学者・政治哲学者であるロックも自然状態は平等の状態と考えました（的射場 2003：17）。

　トマス・ホッブスやジョン・ロックは，人間の原風景を求めて自然状態に至ることで，「人間は生まれながらに平等である」ということを発見し，これにより，中世社会において自明であった身分的不平等を打ち砕きました（的射場 2003：18）。

　こうした思想的背景の下，フランス人権宣言が生まれます。その第1章には「人は自由かつ権利において平等なものとして出生し，かつ生存している」と掲げられ，その後，20世紀の各国の憲法において継承されていきました（的射

場 2003：1）。

（2）宗教的教養

1）法（ダンマ）により気づく平等

　人類の歴史の中で「平等」ということを最も明瞭な自覚をもって最初に唱えたのは，インドの仏教徒です（中村元 2012：108）。仏教は法（ダンマ）という真理を語っています。仏陀が悟った法（ダンマ）について語った文献の一つに『ブッダのことば（スッタニパータ）』があります。そこに「（人類には）生まれ（身分）に由来する特徴（の区分）は存在せず。（他の生類は）身に稟くることそれぞれ異なれども，人間にはこのこと無し。人間における相違はただ名称のみ」（中村元 2012：112；ブッダ 1984：135-136）とあります。仏教は，その興起した当初から，人間社会に存する一切の階級的区別に反対していました（中村元 2012：112）。

2）神の前の平等

　キリスト教の成立に大きな役割を果たしたパウロは『ガラテヤ人への手紙』第3章第28節の中で，「ユダヤ人もギリシア人もなく，奴隷も自由人もなく，男も女もない。あなたがたは皆，イエス・キリストにあって一つだからである」とあります。人間は神の前で，キリスト者として平等であるという観念が，ここにはっきりと姿を現しました（的射場 2003：9）。

　キリスト教は，誰もが神によって造られた魂を持っており，あらゆる魂は神の前で平等であると考えました。この考えをアメリカ人は独立宣言の中で「万人は平等に造られており」と謳いました（ハラリ 2016-a：141）。

　しかしながらキリスト教は，中世の身分制社会については，神によって与えられた秩序であるという形で正当化していました（的射場 2003：10）。また，アメリカも前述したようなヒエラルキーと差別を生み出しました。

（3）優しさを伴った平等

1）ユダヤ・キリスト教の正義

①　抑圧と苦しみの経験

　ユダヤ・キリスト教の神は，イスラエル民族が他のどの民族よりも抑圧されていたため，この民族を選び，歴史に介入しました（本田 2010：1-4）。イエスは，誤解，侮辱，嘲笑，罵倒，迫害，鞭に打たれる，拷問，そして人びとの前で十字架に架けられ処刑されるという，最も酷い仕打ちを受け亡くなりました（須藤 2021：175）。ユダヤ・キリスト教の神は，こうした人間における最も過酷な経験の中で見出されました。その神が示す正義は，以下のように慈悲に満ちたものです。

②　ヘブライ語の正義

　ヘブライ語のツェデクは義，正義を意味し，ツェダカーは義，正義に加え，慈悲，慈善，施しをも意味します。ユダヤ教では「義・正義」と「慈悲・施し」は深く結びついています（田中 2014：89）。またツェデクも，常に生命に対する温かみのある人道的な傾向を持ち，ギリシアの抽象的で知的な正義の概念を超えています。そのような傾向はツェダカーとして，法的義務を超えた善行（徳）につながり，このことがギリシア語のエレエモスネー（施し・慈悲）の訳語となって現れました（田中 2014：91）。エレエモスネーはヘブライ語のツェデク，ツェダカーのほか，ヘセド（恵み・愛），エメット（誠実・真実）の訳語としても使われています（田中 2014：93）。

③　ギリシア語の正義

　『新約（ギリシア語）聖書』のディカイオシュネーは，正義・解放を意味します。ユダヤ・キリスト教の神は『出エジプト記』第3章第7‐8節にあるように，神はイスラエル民族の「苦しみをたしかに見とどけた」「叫ぶ声をきいた」「痛みを知った」がゆえに，歴史に介入し，その状態から解放しました。個の解放が正義ですが，そこには痛みに対する共感があります（本田 2010：170-171）。

２）仏教における慈悲の平等

人間は，自分の身にとって親しいもの，身近なものに対しては余分に愛情を注ぎますが，これに反して，自分に疎いもの，自分から遠い人びとのことは顧慮しようとはしません。しかし，仏教の慈悲は，親しい者から始まって親しくない者に至るまで，さらには生きとし生けるものにまで及びます。仏教における社会倫理の基本原則には慈悲と平等がありますが，この２つの観念は，同一の実践的原理を，異なった視点から把握したものです（中村 2010：139-142）。

３）優しさを伴った平等

次節で説明しますが，分配において平等を用いる場合，同じ分だけ分配する単純平等と，一定の基準に比例して分配する比例的平等があります。ここに示されるように，平等には「同じ」や「比例」といった数学的な意味合いがあります。しかし，宗教が主に困難や苦の体験に基づいていることから，宗教が見出した平等は，杓子定規な規則ではなく，人間一人ひとりに対する慈しみに満ちた対応といった性質があります。先程確認したユダヤ・キリスト教の正義の捉え方や仏教における慈悲の平等は，そのことを示しています。

3　平等概念の概要

（1）意　　味

教養は平等という知恵・智慧を見出しましたが，その意味を理解することは容易とはいえません。そこで，ここでは平等の意味を整理します。

１）上位概念としての正義

平等または公平と強く結びつく概念が正義です（長谷部 2012：737）。ここでは平等・公平を正義の下位概念に位置づけ，その言葉の意味を整理してみます。

上位概念として用いる正義を体系化したのがアリストテレスです。アリストテレスは正義を全体的正義と部分的正義に分け，さらに部分的正義を配分的正義・矯正的正義・交換的正義に分けます（アリストテレス 2015：328-373）。全体的正義とは，法に従う，あるいは平等（isos）ということです（アリストテレス

2015：332-333）。配分的正義は，ある価値・規準に比例して配分することが平等・公平ということです（アリストテレス 2015：348-349）。矯正的正義は，損害に対してそれと同じ利益・利得をもたらすことです（アリストテレス 2015：356-360）。そして交換的正義とは，善には善を，悪には悪を，生産物について均等化された形で交換することです（アリストテレス 2015：364-365）。

2）平等の意味

①　平　　　等

アリストテレスの全体的正義は，法に従うこと，あるいは平等（isos）を意味しますが，ここでは，平等（isos）に着目したいと思います。平等には，次の3つの意味が考えられます。1つ目は「人間として平等（人間平等）」です。これは「人間は尊厳という価値を平等に有している」という意味です。2つ目は「等しく接する」という意味です。これは「差をつけることなく，等しく接する（差別をしない）」という意味です。3つ目は「法（規則）の下における平等」です。これは「ある規則に対して平等に扱う」という意味です。

②　公　　　平

公平とは，ある規準に基づき等しく（比例して）配分することです。言い換えれば，各人に各人のものを配分することです。その基準の一例が，貢献に応じて（貢献原則），必要に応じて（必要原則）といったものです。

③　均衡・補償

均衡・補償とは，損失したものと同じものを補償することです。

④　応報・等価

応報・等価とは，与えられたことに対して等しいもので応じる，あるいは，等しい価値のものを交換することです。

これらの意味を踏まえ，それぞれにおける不平等の状態をまとめると，表13－1となります。

（2）不平等についての問い

平等についての理解を深めるために，3つの不平等に関する問いを設定して

表 13 - 1　正義と平等

上位概念		平等の意味（類型）	不　平　等　な　状　態
基本的正義	平等	人間平等 　人間は平等に尊厳という価値を有している。	人間としての価値に差をつける。差別と同義。 例：有色人種は価値が低い。女性は価値が低い。生産性がない人間は価値が低い。 　　カースト制度のような身分社会
		等しく接する。 　差をつけることなく，等しく接する（差別をしない）。	同じ資格や条件を有しているのに，違う扱いを受けている。あるいは，違う資格や条件であるのに，同じ扱いを受けている。これらは不平等である。差別と同義。
		法（規則）の下における平等 ある規則に対して平等に扱う。	法や何らかの規則に対して，ある一部の人たちは優遇されている場合，あるいは，その逆の場合，それは不平等である。差別と同義。
配分的正義	公平	ある規準に基づき等しく（比例して）配分する。 （各人に各人のものを配分する） 規準の一例 ①貢献に応じて（貢献原則） ②必要に応じて（必要原則）	・貢献原則に基づき資源を配分する場合，貢献したにもかかわらず貢献していない人と同じ扱いや報酬は不公平である。あるいは同じ貢献をしたにもかかわらず，扱いや報酬が違うことは不公平である。 ・生まれながらの能力や容姿がゆえに，人として享受すべきものが享受できていないことは不公平である。そうならないように欠けている部分を補うことで，人として享受すべきものが享受できている状態は公平である。
矯正的正義	均衡・補償	損失したものと同じものを補償する。	10万円分の損失を負わせた場合，10万円分を補償することが正義である。しかし，5万円分しか補償しない場合は不正義である。
交換的正義	応報・等価	等しい価値のものを交換する。	10万円分労働した場合，10万円分支払うことが正義である。しかし，5万円しか支払わない場合は不正義である。この不正義は搾取といわれる。

出所：筆者作成。

みました。私（筆者）の答えを書いていますが，それは1つの考えに過ぎません。みなさんは，どう思われるでしょうか。

問1　生まれながらの容姿の違いは不平等だろうか。

　　生まれながらの容姿の違い自体は不平等ではなく「違い」であり「個性」として尊重されるべきものである。しかし，容姿によって生じる著しい利益の格差は，「本人にはどうすることもできない」とい

う理由から，また，その格差は「各人に各人のものを配分する」とい
う平等の意味を逸脱していると感じるがゆえに，不平等である。

**問2　ある子どもは両親の愛情を基盤にした家庭環境に恵まれ，ある子どもは日々
虐待を受ける環境に生まれている。この違いは不平等だろうか。**

　　　生れ落ちる環境の違い自体は不平等ではない。しかし，その違いか
　　ら，その子どもが本来享受すべきもの（たとえば，愛情，安全な養育環
　　境，学習環境など）が受けられない場合，それは「各人に各人のものが
　　配分されていない」がゆえに不平等である。

**問3　子どもを 3 人育てている，仕事が不得意な40代の男性が，その男性より仕事
がはるかにできる20代の男性より給料を多くもらっている。これは不平等だろ
うか。**

　　　配分の基準を貢献原則のみに設定した場合は不平等である。しかし，
　　配分の基準を必要原則のみに設定した場合，40代の男性に必要不可欠
　　な分の給与であった場合，不平等ではない。

4　金光教における平等

（1）金光教教師の見解

　金光教は，人間は平等だと考えます。このことについて，金光教の教師であ
る片島斎弘氏は次のように考えています。

1）人間平等の意味

　金光教祖の言葉に「みんな天地の神様の分け御霊を授けてもらい，肉体を与
えてもらって，この世へ生まれてきている」というものがあります。これは，
人はみんな神様の心を頂いて生まれて来ているということを意味します。では，
神様の心とはどんな心でしょうか。金光教祖は「不幸せなものを見て，真にか
わいい（可哀そう）の心から，わが身を忘れて人を助ける。そのかわいい（可哀

そう）と思う心が神心じゃ」といいます。すなわち，人は誰しもが等しく神心をもって生まれてきています。簡単に言えば，「人間は他者を思いやる心，慈しむ心を，等しく宿しており，それが人間だ」ということです。これが金光教における人間平等です。

2）神心の現れは様々

人間は誰もが他者のことを思いやる神心を宿しています。これは御霊の部分です。これは「目には見えない尊いものであり，かつ，変わらない普遍的なもの」です。一方，同時に肉体も与えられます。この部分は「目に見えるかけがえのないものですが，移り変わり，やがては消滅するもの」です。神心が肉体に宿ります。その肉体は成長したり病気になったりと，様々に変化します。人間を取り巻く環境も同様です。こうした肉体や環境の影響で，人に神心がどのように現れるかは様々です。

3）等しく神心を宿している

金光教に限らず宗教には多様な側面があり，その本質の理解は人によって違うと思います。これは，私（片島斎弘）の理解ですが，現実に現れている神心は人によって違いますし，同じ人間でも年齢によって異なると思います。それでも，私たち人間は等しく他者を思いやる神心を宿しています。これが人間平等の意味であり，ここを起点としているのが金光教だと思います。

（2）金光教における尊厳

1）心の内にある尊いもの

金光教の教祖である金光大神は，前半生を一農民として送り，多くの困難に出会いながらも，次第に人間を超えた大いなるもの，神とのつながりを実感するようになっていきました。そして，人間一人ひとりは，心の内に尊いものをもった存在である，と理解するようになりました（金光教本部教庁編 2003：4）。

金光教においては，人間は「天地のはたらき」という聖なるものを，分け御霊として分有していると考えます。よって，「心の内にある尊いもの」とは，「天地のはたらき」が有する聖なるものと理解できます。

２）尊いものと尊厳

　尊厳には２つの系譜があります。１つは，キケロからカントに至る，古代ローマから近現代のヨーロッパにおける哲学的系譜です。ここにおける尊厳は，人間が有する卓越性（他の動物にはない人間性）に付与された価値という意味です。もう１つは，ユダヤ・キリスト教における宗教の系譜です。ここにおける尊厳は，神の似姿であり，神のような聖性・唯一性に付与された別格な価値という意味です。

　金光教における「心の内にある尊いもの」は，神のような聖性に近いものと理解できます。また，金光教では「個」という唯一性を大事にします。これらのことから，金光教における「心の内にある尊いもの」とは，ユダヤ・キリスト教における尊厳と類似の概念であると考えられます。

（３）金光教における平等

１）戸閉てず

　金光教の教祖（金光大神）は，1863年に神からのお知らせにより，「表口の戸」を取り去り，昼夜を問わず戸を閉めないようにしました。これは，何時でも参拝者が広前（取次を受け，神の教えを聞く場所）に入れるようにという配慮からのものと解されています（金光教本部教庁編 2001：413）。どんな人（身分階級や性別等問わず）でも等しく迎え入れる，金光教の考えが示されています。

２）凹所

　金光教の広前は凹所であり，世間の人々の難儀が流れ込む場所です。そこは，神心がすべての人に平等に届くように，難儀な状況にいる人，苦しんでいる人に開かれた場所です。

　金光教における平等は，①分け御霊を等しく宿しているという意味の平等と，②神心はすべての人に等しく注がれているという意味の平等，この２つがあると考えられます。

5　人間平等という知恵

（1）理念としての平等

1）事実と承認

　「人間平等」という言葉に対して，「人間は一人ひとり違う」という人がいます。「人間は一人ひとり違う」ということは「事実」です。一人ひとりの違い（差異）を尊重することは，今日では多様性の尊重として語られています。異なっていても同じ人間です。しかしながら，どのような存在を人間と捉えるのかは自明なことではありません。

　歴史を振り返ればわかることですが，かつては自分の民族や自分が信じる宗教を信仰している存在が人間であり，そうでない存在は人間とは認められていませんでした。奴隷といわれる人たちもその人たちを所有している人たちから見れば，自分たちと同じ人間とは認められていません。挙げればきりがありませんが，どの存在が人間であるのかは，それぞれの社会における承認に基づきます。

　ある存在を何の基準で人間と考えるかは，決定的に大切な問いです。

2）理念の水準

　「同じ人間」であるにもかかわらず，そう認められておらず人間扱いされていない人たちがいます。あるいは「同じ人間」と認められているけれど，不平等な扱いを受けている人たちがいます。人間平等とは，「同じ人間である」という理念（あるべき姿），ならびに，「同じ人間として平等に接すべき」という理念を示したものです。

　歴史を顧みれば，「神のはたらき」や「法（ダンマ）」という超越的な聖なる「はたらき」は，人間は平等であるという理念（本来的なあり方）を知恵・智慧として示してきました。そして金光教も同じく超越的な聖なる「はたらき」が生み出す人間平等という知恵・智慧を見出し，それが関西福祉大学では建学の精神となっています。

（2）宗教的教養が見出す平等

1）排除なき平等

　歴史を振り返れば，平等には2種類あることがわかります。1つは特定の人の間における平等です。もう1つは，すべての人における平等です。

　ギリシア古典期の政治においては「イソノミア」（法の前の平等）の観念が重要であり，アテネ民主政発展の基礎には，平等を求める社会的欲求が存在していました。しかし，ここでの平等はあくまでも同一ポリスに属する市民の間の平等であって，ポリスの枠を超えた奴隷をも含む普遍的な人間の平等ではありませんでした（松本 2005：140）。

　キリスト教も，時代や地域によっては，特定の人間に限定された平等でした。現実のキリスト教の平等は必ずしも普遍的とはいえません。しかしながら，キリスト教を含む超越的な聖なる「はたらき」は，平等という知恵・智慧を見出しました。

　宗教を基盤とした人間平等という建学の精神が示すことは，「すべての人が平等である」という排除なき平等の理念です。平和を維持できれば，残念ながら不平等という人間の非本来的なあり方は拡大していきます。こうした現実に対して，あくまで排除なき平等という理念の下，それを実現するように求めるのが人間平等という建学の精神です。

2）「温かさ」が伴う平等

　法（ダンマ）のはたらき（仏教），神のはたらき（キリスト教），天地のはたらき（金光教）は，慈悲，愛，神心といった他者の痛みに寄り添い，その人を大切に思う気持ちを中核にもっていますが，その働きは平等を求めます。慈悲・愛・神心に基づく平等は，哲学的教養が見出した「理」に基づく論理的形式的平等とは異なり「温かさ」が伴っています。

（3）平等という知恵の大切さ

　最後に，なぜ平等が大切なのかを確認します。

1）すべての人の尊厳を護るため

　人間平等とは，人間は皆等しく尊厳を有しているという意味です。しかし，人間そのものの価値が序列化され，そこに差別，蔑みが生じています。それを無くそうとするのが平等です。

2）「理（正義）」に適った社会を実現するため

　平等は，その上位概念である正義の実現を目指すものです。そして，正義は理に適った社会を形成する原理です。一部の人の「権力」や大多数の人という数の「力」ではなく，「理」に適った社会を形成するために正義そして平等は必要です。

3）平和と共生を実現するため

　理不尽な社会では不満が増え，争いや社会の分断が進みます。平等はそれを防ぎ，平和の基盤になります。

<table>
<tr><td>第14章</td><td>個性尊重</td></tr>
</table>

1　本来的自己における個性の構造

（1）非本来的なあり方

1）我 は 我

　哲学者の上田閑照は人間の本来的なあり方を，「我は，我ならずして，我」と表現します。そして，人間の非本来的なあり方を，「我ならずして」を失うことで生じる「我は我」という自己執着，「我は，我ならずして」で断ち切れてしまう自己喪失と捉えます（上田・八木 2010：16-17・31・272）。

　「我ならずして」は，仏教でいえば「空」のはたらきであり，それにより「自他不二」「縁起」に目覚めます。しかし，それがないと，私は私であり，私と他者のつながりは見失われ，私から他者は排除されます（上田・八木 2010：31）。

2）言語と結びついた自我

　「我ならずして」を忘却した「我」は，言葉世界の言語と結びつき，言語を語る自我となります（上田・八木 2010：212-213）。その自我は，世界を一般化・同一化，二項対立，序列化した中で理解します。

3）富・名誉・権力を拠り所とする自我

　この後に述べるように，我の拠り所は「我ならずして」によって開かれます。しかし，それがない場合の自我が拠り所とするものが，富・名誉・権力です。これらにすがることで「私は生きている」ことを実感しそれに執着するようになります（上田・八木 2010：30）。

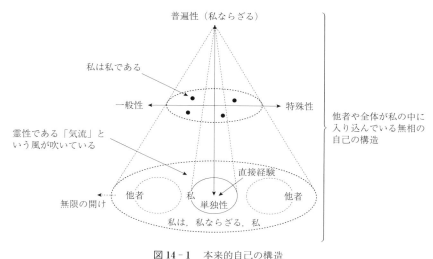

図14‑1　本来的自己の構造

出所：筆者作成。

（2）本来的自己の構造

　本来的自己の構造を表しているのが図14‑1です。真ん中にある円は，一般性‑特殊性を軸とする世界であり，言葉世界です。ここでは，対象化された物事を，言葉で記述したり表現したりして認識します。この世界では「私は私」であり，その私が言葉を介して世界を認識します。私は，自らの拠り所を有していないため，富・名誉（あるいは承認）・権力などを拠り所として，それに執着します。

　そうした私が，「私ならずして」という普遍性における経験を介して，「私は，私ならずして，私」という本来的自己に開かれます。その世界には，比喩的にいえば，霊性である「気流」という風が吹いています。この風は，法（ダンマ）のはたらきであり，それをそれぞれの身体が「呼吸」として吸ったり吐いたりすることで，その人の「個性」が生じます。気流は普遍的なものですが，それが身体を介することで，かけがえのない単独者としての自己となります（上田1992：72-73；上田・八木 2010：160-163）。

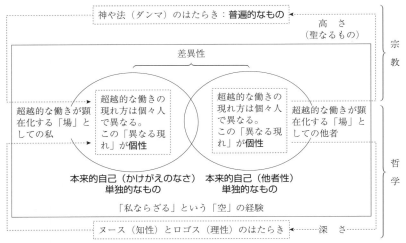

図14-2　超越的次元における個性の構造

出所：筆者作成。

（3）本来的自己（超越的次元）における個性

1）経験的次元における個性

　今日の科学の知見によれば，人間の個性は「遺伝と，発達に内在するランダムさのフィルターを通した経験との相互作用」によって形成されると考えられています（リンデン 2021：46・265）。ここにおける「発達に内在するランダムさ」とは，発達における遺伝的な指令はそれほど厳密ではない，ということです。すなわち，個性とは，遺伝，経験，それほど厳密ではない遺伝的指令（発達におけるランダムさ）の相互作用によって形成されるのです（リンデン 2021：45-46）。

　なお，ここでいう経験とは，親の育て方（育ち）や社会的・文化的な影響だけでなく，これまでにかかった病気，物理的環境，体内の共生菌までも含む概念です（リンデン 2021：44・265）。

2）超越的次元における個性

　個性には，経験的次元とは違った捉え方があります。それが本来的自己における個性であり，視覚化すると図14-2となります。本来的自己とは，「ヌース

とロゴスのはたらき」や「神のはたらき」「法（ダンマ）」が，個々人に現れることで顕在化する自己です。

　仏教の観点からいえば，「私ならずして」という「空」を通して，「私は，私ならずして，私」という本来的自己に気づきます。その自己は，私という「場」において顕現する法（ダンマ）に他なりません。ここにおいて顕現する法（ダンマ）は，一人ひとり異なります。この私という「場」において異なって顕現する法（ダンマ）のあり方，それによって生じる私固有な性質が本来的自己における個性です。これが超越的次元における個性の意味です。

2　金光教における個性尊重

（1）金光教の教え

　金光教は，個人や個性を大切にします。金光教の教師である片島立教氏は，次のように説明しています。

1）金光教の教え

　金光教には「五本の指が，もし，みな同じ長さでそろっていては，物をつかむことができない。長いのや短いのがあるので，物がつかめる。それぞれ性格が違うので，お役に立てるのである」という教えがあります。また，金光教奥平野教会の言い伝えには「金は磨けば，金だけの光。鉄は磨いても金にはなれん。鉄は鉄だけの光。銅は銅だけの光」というものがあります。これらは個性尊重を表している言葉と理解できます。

2）個性尊重を実践した家族

　生まれつき脳に障がいのある娘がいる家族がありました。彼女は会話ができず，一人で食事をとること，排せつを行うこともできません。生まれる時にお葬式の準備をといわれる状態でしたが，無事誕生し，家族は大切に娘を育てました。現在では30歳を超えています。

　母親の口癖は「この子がいなかったら，わが家はどうなっていただろう。何度この子に助けられたか……」です。そして「この子の笑顔には家族をまとめ

る力があるのです」と，また父親は「この子より，私の方が至らない。この子から学ぼう」と言います。

（2）個性尊重と社会の豊かさ

5本の指の喩えが示すように，金光教における個性尊重には，「人や社会のお役に立つ」という観点があります。これは，「他との違い」が宿している可能性を大切にする個性尊重です。ここにおける個性は，画一化という抑圧に対する「自由」を意味します。そして，この意味における個性尊重はジョン・スチュアート・ミルが『自由論』（2012年）で述べている個性と同じ意味になります。

ミルは『自由論』で「人びとが個性的であれば，その営みも個性的になるので，同じプロセスを通して人間の生活も豊かで多様になり，活気に満ちる」（153頁）と述べています。そして，ミルは個性が発揮されることで尊厳の感覚を持つことができ，それが幸福の一つの要素だとも言っています（水野 2014：17）。

「他との違い」が宿している可能性を尊重するという次元で理解するならば，金光教における個性尊重は，自由の一つのあり方です。それにより 「社会の豊かさ（多様性)」や「社会の発展」が可能になります。また，個性が尊重され，その個性を発揮することで人は尊厳の感覚をもつことができ，それが幸福へとつながります。

（3）世のお役に立つ

金光教における個性尊重は，天地のはたらき＝天地金乃神のはたらきから生まれた考え・価値観です。

まず，「天地のはたらき」があり，それは私たちに働きかけています。「あいよかけよ」という助け合い関係の中で人間は個性を発揮し，それにより，天地のはたらきを実現しようとします。ここにおいて，自分自身の個性や役割・使命に気づき，その中で，自己中心的な自我は弱まり，「世のお役に立つ」とい

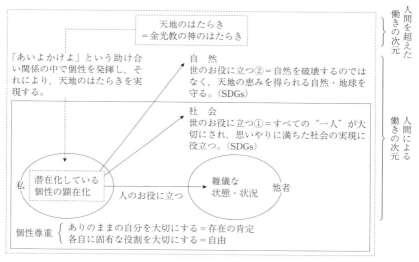

図14-3　金光教における個性尊重

出所：筆者作成。

う気持ちが強くなります。

　ここで言う「世のお役に立つ」には3つの意味があります。1つは「難儀な状態・状況の人たちのお役に立つ」です。関西福祉大学に，まず社会福祉学部ができ，次いで看護学部ができたことは，こうした建学の精神に基づくものです。2つ目は「社会のお役に立つ」です。これには，「すべての"一人"が大切にされ，思いやりに満ちた社会の実現に役立つ」という意味があり，今日いわれている SDGs の理念と同じです。3つ目は「自然環境を守る」です。金光教は，農民であった金光大神によって生まれた宗教です。そのため，恵みをもたらす天地（自然）を大切にする感覚があります。この意味における「世のお役に立つ」という考えは，「自然を破壊するのではなく，天地の恵みを得られる自然・地球を守る」という意味になります。これも SDGs の理念と同じです。以上を視覚化すると，図14-3となります。

3　教養としての個性尊重

（1）個性尊重という教養の営み

　個性尊重といった場合，「個」というものが単独で考えられ，その個が有している属性を大切にすることと理解されています。しかし，宗教といった超越的な聖なる「はたらき」（普遍的なもの）との関わりといった観点から見た場合，個性尊重は，抽象的にいえば，多様な「個（人格）」と「普遍的なもの」の関わりの中で見出される，その個における独自性の顕在化・実現を大切にすることを意味します。これは，本来的な人間のあり方（人間性）を形成する「教養」という営みに他なりません。この点を踏まえるならば，個性尊重の意味を次のように定義することができます。

　　　個性尊重とは，二項対立や序列化といった一般化・同一化から自由になり，普遍的なものとの関わりの中で，その人が宿しているその人固有の使命（存在意義）に気づき，それを発揮・開花させることである。

（2）個性尊重における知恵・智慧

　個性尊重という教養の営みの中で，目には見えない知恵・智慧に気づきます。それは以下のようなものです。

1）代替不可能性

　①　かけがえのないこの私

　個である「私」が有する様々な能力は代替可能です。しかし私そのものは，他の人と替わることができないかけがえのない存在です。

　②　かけがえのない他者

　他者は，私の世界の登場人物として理解されます。その他者は，時に，私にとって役に立つもの（手段）として扱われます。しかし，他者も私と同様に，他の人と替わることができないかけがえのない存在です。その中でも，親密な

関係をもつと，その人は私にとってなくてはならないかけがえのない存在となります。

　個性尊重における知恵の 1 つ目に，こうしたかけがえのなさ，代替不可能性を大切にするといったことが挙げられます。

2）他者性

　かけがえのないこの私，代替不可能なこの私を理解した時，必然的に，私と他者の違い，すなわち他者性が自覚されます。他者と私は「世界そのもの」を共有しながらも，それぞれが自身の死と伴に消滅する世界，別の世界を生きています。

　個性尊重における知恵の 2 つ目には，「私とは異なる」という他者性を大切にすることが挙げられます。

3）差異性・多様性

　他者性の尊重は，必然的に，多様性の尊重を導きます。一人ひとりは違った存在です。個性尊重における知恵の 3 つ目には，その差異性・多様性を尊重することが挙げられます。

4）使命と存在意義

　普遍性は「天」とも表現されます。そして天命や天職という言葉が示すように，普遍的なものとのつながりを感じてしまうような自分の役割があります。個性尊重における知恵の 4 つ目には，こうしたものへの気づき，そしてその役割を大切にすることが挙げられます。

（3）個性尊重の一例

　かけがえのない私，かけがえのないこの人を大切にすること，すなわち代替不可能性を大切にすることも個性尊重です。その一例を紹介します。

　Perfume の振り付けや，テレビドラマ『逃げるは恥だが役に立つ』エンディングの振り付け（恋ダンス）で有名な演出振付家 MIKIKO は，少女からの「どうしたらクリエイティブな踊りができますか」という質問に次のように答えています。

　「『自分っぽい』というものを探すことはよくないと思います。

　『自分の体でしかできないことは何だろう』と集中して耳を傾けてください。自分の短所を長所にし，長所を伸ばし磨いた結果，周りから『MIKIKOらしい』と言われるようになりました。

　この体型に生まれたからこそできる動きは何か。それを嫌いにならないで愛してあげれば，それが個性となります。」（NHK アカデミア「MIKIKO（前編）」　初回放送日：2023年 9 月20日）

　あえて個性的になろうとするのではなく，ありのままの自分を肯定し，それを磨き，愛することにより，個性が生まれてくることを MIKIKO は語っています。

<table>
<tr><td>第 15 章</td><td>和と感謝</td></tr>
</table>

1 華厳の思想

（1）「和と感謝」と華厳の思想

　建学の精神である「和と感謝」は，「目には見えないつながり」の中で感じ理解されるものです。そのことを理解するために『華厳経』を取り上げます。理由は 2 つあります。1 つは，「目には見えないつながり」を因陀羅網（帝釈網）という美しいイメージで表現できる内容として示している点です。もう 1 つは，「和と感謝」は心のありようを示したものですが，『華厳経』は，「存在するものはすべて心の表れである」という唯識の思想に基づいているからです（木村 2015：32）。

（2）基礎知識

　『華厳経』は 4 世紀後半ないし400年頃，中央アジア（西城）のコータン辺りで，釈尊の悟りの追体験派とでもいうべき人びとが，先行するいくつかの諸経典を選択・再列し，これに諸章を書き加え集成経典として成立したものです（木村 2015：40-41・47）。ここには仏の悟りの世界とそこに至る道が説かれています（木村 2015：13-14）。

　悟りの世界とは，「いかなるものにも実体的な変わることのない本性といったものはない」という無自性の下，物事は縁起の関係にあるというものです（木村 2015：55・57）。そこに至る道として，仏に支えられつつ，利他の願いをもって悟りの世界へと歩みを進める菩薩の実践が説かれています。ここには「他のために」「生きとし生けるものと共に」という大乗仏教の根本精神が受け

継がれています（木村 2015：32）。

（3）世 界 観

　『華厳経』が示す世界は，この世界を離れたものではありませんが，この世界とは異なるものです。その世界においては，個々の実在は一つの大きな実在に包摂されており，かつ，個的実在は他のすべての個的実在をそのまま受け入れているような世界です（鈴木 2020：120-121）。これは「一つがすべて」という考え方を徹底させたもので，私たち一人ひとりの行動，一つひとつの物事が，限りなく多くの人びと，多くのもの，多くの世界に支えられ，それらとつながって初めて成り立っている，という見方です（木村 2015：27-28）。

　この世界観においては，「一心」という究極の実在があり，それは，存在的なあり方を生む働きと，道徳的な働きといった2つの様相で現れます（鈴木 2020：84）。こうした世界は知性・理性の根底にある霊的経験において理解されるものです。そのため，知性・理性により論理的・学問的には理解することができず，知性・理性においては不可思議，説明できないものに映ります（鈴木 2020：15・85・95-96・103・121）。

2　和と感謝の構造と心の安らぎ

（1）和と感謝の構造

1）縁　　起

①　縁起思想

　縁起は仏教の中心思想です。縁起には空間的な依存関係と時間的な因果関係があります（織田 2004：22）。初期仏教がいう十二縁起は時間的な因果関係です。それは，無明（無知）が原因となって最終的には老死の苦しみに至るというものです（塩崎 2007：72）。縁起思想は，死を含めたすべての苦は縁起しているのだから，その「条件と原因」（無知など）を理解し，取り除けば，それを解決できるという希望のメッセージを伝えてくれるものです（朴 2003：167）。

大乗仏教では，縁起は空の中で理解されます。それは，時間的には因果は同時に起こり，空間的には相互依存として存在している，という意味で理解されます（塩崎 2007：73）。

　②　華厳思想における縁起

　大乗仏教の中に華厳思想があり，そこに「因陀羅網（帝釈網）」という網の喩えがあります。それは，この世界の真理＝法（ダンマ）は「大きな網のようだ」というものです。おおげさにいえば，この私の中に全宇宙の森羅万象の働きが入り込み，逆に，この私の働きが全宇宙の働きに入り込むというものです。華厳思想における縁起は，それゆえ，私をはじめ個々の存在は独立して存在するのではなく，関係し合い全宇宙を構成しているという世界観です（塩崎 2007：74）。

２）和と感謝の構造

　「和」や「感謝」が求められる状況を確認しましょう。和が求められるのは，対立している状態，争っている状態です。一方，感謝が求められるのは，恩恵に気づいていない状態です。

　これらの状態に対して，神や法・ダンマ（そこにおける縁起思想）という超越的な次元に精神・心を向け変えた時，そこにある「縁」そして「恩」に気づきます。また，対話を積み重ねていった時，そこにある「理」に気づきます。

　ここで気づいた「理」や「恩」により人と人との調和（和）がもたらされ，「和らぎ」の心が生まれます。また，縁の中で働いている「恩」に気づいた時，感謝の念が生まれます。さらに，縁起思想を超えて，自分があることが稀有なこと（あることの奇跡）に気づいた時にも有り難さ，すなわち，感謝の念が生まれます。

　これらを視覚的にまとめると，図15-1となります。

（2）心の安らぎ

１）救済（救い）

　救われる，すなわち救済は宗教の基本的な観念の一つです。それは疾病・災

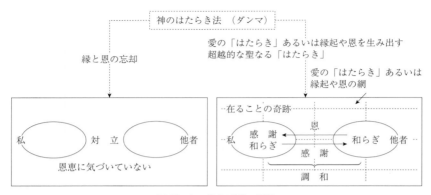

図 15 - 1　和と感謝の構造

出所：筆者作成。

厄・危難・罪責など，人間にとって否定的な事態によって生が脅かされる時，そこから脱することで，正常な，よりよいあり方に回復することです。仏教の解脱をはじめ，救済に相当する外国語 salvation（英語），salut（フランス語），Erlösung, Heil（ドイツ語）は，いずれもそうした解放や回復の意味を含んでいます。解放はいわばその消極面であり，回復はその積極面をなすとみることもできます（田丸 1985：723）。

　いま，救済を人間にとって否定的な事態からの解放，肯定的な事態への回復と，「事態・状態」の相で説明しましたが，救済を，人間の本来的なあり方からの逸脱から，本来的なあり方の回復というように，「人間のあり方」の相で理解することもできます。宗教学者の大峯顯が「救済とは自己が本来の自己に出遭うことに他ならない」（大峯 2005：80）と述べているのは，救済を「人間のあり方」の相で見た言葉です。

2）平安と静寂（キリスト教）

　「神のはたらき」という無限の場があり，そこで愛のはたらきの「関係の網」が形成されます。その結節点として，人間の「こころ」という局所的な場があります（八木 2016：181）。こうした人間の本来のあり方に気づくことが救済ですが，そこにおける心のあり方が平安・静寂（エイレーネー）です。それは，

こころの波風が収まった，無心の奥にある静寂です。それは，自己中心的で欲望に突き動かされ，思い通りにいかないといら立つこころが浄化された状態です（八木 2016：181-184）。

3）涅槃（仏教）

「いのちそのもの」という無限の場があり，そこで「関係の網」が形成されます。人間の「こころ」という局所的な場はその結節点です。その真実＝法（ダンマ）に気づくことが解脱であり，その時に訪れる心の状態が涅槃です。

涅槃は智慧を磨き修行を積むことで，迷い，煩悩，執着を断ち切り，悟りに到達して，いっさいの苦・束縛（そくばく）・輪廻（りんね）から解放された最高の境地のことです。語源には「（炎が）消えて滅びた（状態）」を意味し，ちょうど風が炎を吹き消すように，燃えている煩悩の火が悟りによって消滅し，すべての苦悩のなくなった状態を指します。その時，静寂な最上の安楽の境地が実現します（三枝 1987：282）。

3　和と感謝という知恵

（1）和と感謝の意味

和と感謝を理解するためには，この世界には，自然界の物理法則だけではなく，「神のはたらき」（一神教），法・ダンマ（仏教），「天地のはたらき」（金光教）のように，超越的な聖なる「はたらき」がある，という世界観を理解する必要があります。そうした働きは，愛の「はたらき」（一神教），縁起（仏教），おかげ（金光教）と表現されたりします。このことを前提とするならば，和と感謝という建学の精神には，次の2つの意味があると考えられます。

1つは，見えないところで自分のことを支えてくれている人々の気持ち・想い（横の関係）や，神のはたらきである慈悲やおかげ（縦の関係）に気づき，感じることで沸き起こる和らぎの心と感謝の気持ちです。もう1つは，和らぎと感謝の気持ちをもって日々の暮らしをしていこうという心のあり方・持ち方です。

（2）和と感謝における知恵

1）聖なる「はたらき」によるつながり

私たちは超越的な聖なる「はたらき」という縦の関係と，私と他者という横の関係の網（交流）の中で生を受け，生き，そして死んでいきます。和と感謝は，こうした私たちの根源的なあり方についての知恵・智慧です。

2）忘己利他

いかなる宗教においても，その最も基本となり，尊い行いというものは，煎じ詰めれば忘己利他ということにあります。これは，仏教の根元にある共通基盤でもあります。その意味は「誰もやりたがらないような苦労のいる仕事は自分が引き受け，やりやすい仕事を他にまわす。自分の利益は忘れて他の人の役に立ち，感謝の念をもって，人さまの幸せに力を尽くす」ということです。この精神が慈悲の極みであることは，最澄（伝教大師）の「悪事を己に向かえ，好事を他に与え，己を忘れて他を利するは，慈悲の極みなり」という言葉で語られています（山田 1996：106）。

3）感謝という倫理

忘己利他によって一人ひとりが人間として完成する（本来的なあり方を実現する）ためには，①自分の最大限の努力，②周囲からの援助，③神仏による加護が必要です。このうち②と③に気づいた時，感謝の念が生まれます（山田 1992：71-75）。

周囲からの援助と神仏による加護は，温かな贈与です。贈られた恩恵は，贈り主に返す場合もあれば，恩送り（Pay it forward）という言葉のように，他の人に贈る場合もあります。贈られたものは贈り返す。これは人としてすべきこと，すなわち倫理です。

私たちは関係（交流）の網の中で生き，そこに様々な恩恵・おかげが働いています。それに応えることで，その関係（交流）を温かで肯定的なものにするのが感謝であり，人間の倫理です。和と感謝はそのことを教えてくれます。

4）和という心のあり方・持ち方

この世界には，様々な「おかげ」が働いています。それに気づくか否かは，

その人の心のあり方・持ち方次第です。日々の暮らしの中で，人間なので，嫌なこと，不平不満，怒りなど負の感情が湧き上がることもあります。そうした中，それでも，様々な「おかげ」の中で暮らせていることに気づけば，自ずから和らぎの心と感謝の気持ちが湧き起こります。この気持ちと行動が，さらなる「おかげ」への気づきとなっていきます。こうした日常の暮らしを肯定的に捉え，人生を前向きにしてくれるのが和と感謝の知恵・智慧です。

あとがき

　本書は，関西福祉大学の教養科目である「生と死の教育」のテキストとして刊行したものです。この科目の内容は「人が生きる上で大切なこと」ですが，それを人間は完全に理解することはできません。そのため，このテキストに書かれている内容も不完全なものですが，それでも，語られていることは，大げさな表現になりますが，人類が見出してきた叡智の一端といえるものです。

　こうしたことから，受講者に「何か大切なことが語られている」と感じてもらえることが，授業の1つの目標となります。その思いを胸に，卒業した後も，何かの経験の折に読み返してもらえる内容となっていることを願っています。

　本書の刊行にあたり，学校法人関西金光学園理事長湯川彌壽善先生よりお言葉をいただきました。ご自身のものであると同時に，「神のはたらき」をお伝えいただいているように感じられます。そこに宿る霊性が，建学の精神の学びを通して，教養の新次元を切り拓いていくのだと思います。

　本書の執筆にあたり，金光教本部教庁より貴重な文献と資料をご提供いただきました。これが本書における金光教理解の基礎となっています。

　本書の生みの親は関西金光学園常務理事である澤田信吉先生です。澤田先生が本書を構想され，出版に至るまで，様々な調整・ご配慮をしていただきました。関西金光学園監事である水野照雄先生からは，話し合いの機会を通し，様々なご助言をいただきました。

　そして，金光教教師の片島斎弘先生，片島立教先生，井上真之先生，竹部沙矢先生，武部琢磨先生，木原香代子先生は，私と一緒に授業を担当していただいています。おかげさまで，そのお人柄，話の内容，学生や授業に対する態度を通して，金光教に対する理解を深めることができました。

みなさまに記して感謝申し上げます。

　本書は関西福祉大学における教育・研究の一環として作成されたものです。ここには目に見えない多くの方の「おかげ」「支え」があります。学長加藤明先生，学園長佐藤功先生，教員，職員のみなさま，授業に参加し様々な意見を聞かせてくれた学生のみなさまに深く感謝いたします。

　2024年3月

中村　　剛

参考文献

秋月龍珉（1988）『新大乗——仏教のポスト‐モダン』鈴木出版。

秋月龍珉（2001）『現代を生きる仏教』平凡社。

秋月龍珉（2006）『誤解された仏教』講談社。

天野郁夫（2009）『大学の誕生（上）』中央公論新社。

天野貞佑（1970）「国民実践要領」『今日に生きる倫理』（天野貞祐全集④）栗田出版会，391-405頁。

天野正幸（2006）『正義と幸福——プラトンの倫理思想』東京大学出版会。

綾井桜子（2019）「近代フランスにおける教養の揺らぎと再定位——技芸（arts）の習得から「知」の教育へ」教育思想史学会編『近代教育フォーラム』28，9 -20頁。

荒木寿友（2019）「対話の道徳教育」荒木寿友・藤井基貴編著『道徳教育』（新しい教職教育講座 教職教育編⑦）ミネルヴァ書房，211-228頁。

荒木美智雄（1988）「金光教」園田稔編『神道——日本の民族宗教』弘文堂，320-337頁。

荒木美智雄（2001）『宗教の創造力』講談社。

家塚高志（1985）「宗教教育の理念」日本宗教学会編『宗教教育の理論と実際』鈴木出版，11-36頁。

井口耕二（2012）「訳者あとがき」パリサー，E.／井口耕二訳『閉じこもるインターネット——グーグル・パーソナライズ・民主主義』早川書房，297-301頁。

池亀直子・髙梨誠（2015）「‘educate’ の語源解釈におけるイギリス・ロマン主義の思想的影響——S. T. コールリッジによる『教育』の定義とOED」『秋田公立美術大学研究紀要』2，23-37頁。

伊佐敷隆弘（2012）「日本における『死後の生』の4つの類型——因果応報の観点から」『宮崎大学教育文化学部紀要 人文科学』26，1 -21頁。

伊佐敷隆弘（2019）『死んだらどうなるのか？——死生観をめぐる6つの哲学』亜紀書房。

生澤繁樹（2019）「道徳教育とは何か」荒木寿友・藤井基貴編著『道徳教育』（新しい教職教育講座 教職教育編⑦）ミネルヴァ書房，1 -21頁。

磯前順一（2019）「謎めいた他者と宗教的主体化」島薗進・安丸良夫・磯前順一『民衆宗教論——宗教的主体化とは何か』東京大学出版会，15-158頁。

市野川容孝（2013）「はじめに」市野川容孝・宇城輝人編『社会的なもののために』ナカニシヤ出版，i -xvi 頁。

井筒俊彦（2019）『神秘哲学——ギリシアの部』岩波書店。

伊藤瑞叡（1986）「上求菩薩，下化衆生」『日本大百科全書（ニッポニカ）11』小学館，

850頁。

伊藤貴雄（2020）「民主主義を支えるもの——南原繁と『精神革命・人間革命』の理念」南原繁研究会編『今，南原繁を読む——国家と宗教とをめぐって』横濱大氣堂，61-81頁。

稲垣良典（2000）「教養と自由——ベルナルドゥスにおけるキリスト教的ヒューマニズム」稲垣良典編『教養の源泉をたずねて——古典との対話』創文社，117-134頁。

井上義和（2012）「教養主義」大澤真幸・吉見俊哉・鷲田清一編『現代社会学事典』弘文堂，289頁。

伊吹敦（1998）「無 中国仏教・禅」廣松渉・子安宣邦・三島憲一ほか編『岩波哲学・思想事典』岩波書店，156頁。

今道友信（1972）『愛について』講談社。

今道友信（1973）『美について』講談社。

岩田文昭（2007）「道徳教育における〈宗教性〉」国際宗教研究所編『現代宗教2007 特集：宗教教育の地平』秋山書店，84-104頁。

岩田靖夫（1998）「真理 1．西洋」廣松渉・子安宣邦・三島憲一ほか編『岩波哲学・思想事典』岩波書店，849頁。

岩田靖夫（2003）『ヨーロッパ思想入門』岩波書店。

植木雅俊（2021）『NHK「100 de 名著」法華経——誰でもブッダになれる』NHK 出版。

上田閑照（1992）「自己の現象学——禅の十牛図を手引きとして」上田閑照・柳田聖山『十牛図——自己の現象学』筑摩書房，29-174頁。

上田閑照（2000）『私とは何か』岩波書店。

上田閑照（2007-a）『哲学コレクションⅠ 宗教』岩波書店。

上田閑照（2007-b）『哲学コレクションⅡ 経験と場所』岩波書店。

上田閑照・八木誠一（2010）『対談評釈 イエスの言葉／禅の言葉』岩波書店。

上野修（2005）『スピノザの世界——神あるいは自然』講談社。

潮木守一（2004）『世界の大学危機——新しい大学像を求めて』中央公論新社。

潮木守一（2008）『フンボルト理念の終焉？——現代大学の新次元』東信堂。

内田樹（2007）『村上春樹にご用心』アステルパブリッシング。

海谷則之（2011）『宗教教育学研究』法藏館。

大内裕和（2012）「教育基本法」大澤真幸・吉見俊哉・鷲田清一編『現代社会学事典』弘文堂，270頁。

大來尚順（2020）『訳せない日本語——日本人の言葉と心』アルファポリス。

大口邦雄（2014）『リベラル・アーツとは何か——その歴史的系譜』さんこう社。

大田孝太郎（2009）「ヘーゲルの教養論」『広島経済大学研究論集』32(3)，1-25頁。

大田堯・中村桂子（2018）『百歳の遺言〔いのちから「教育」を考える〕』藤原書店。

大貫隆（2006）『イエスの時』岩波書店。

大橋完太郎（2019）「ポスト・トゥルース試論——現象と構造」『美学芸術学論集』15，15-50頁。

大橋良介（1998）「精神 1．西洋」廣松渉・子安宣邦・三島憲一ほか編『岩波哲学・思想事典』岩波書店，901-902頁。

大峯顯（2005）『宗教の授業』法藏館。

大森荘蔵（1994）『知の構築とその呪縛』筑摩書房。

岡倉天心／桶谷秀明訳（1994）『茶の本』講談社。

岡嵜隆哲（2021）「アウグスティヌスの回心における障害の問題——『告白』第8巻についての一解釈」『南山神学』44，77-97頁。

岡崎文明（1981）「トマス・アクィナスにおける『至福』と visio Dei について」『高知大学学術研究報告 人文科学編』30(4)，21-26頁。

小川隆（2015）『禅思想史講義』春秋社。

小川洋子（2023）『小川洋子の「私のひきだし」』金光教本部教庁。

小川量子（1999）「記憶における回心——アウグスティヌスの『告白』1巻から9巻における記憶の意味」『国士舘哲学』3，7-24頁。

丘山新（1992）「『閉じられた自己』から『開かれゆく自己』へ——仏教における自己と他者」『東洋文化研究所紀要』117，533-586頁。

丘山新（2007）『菩薩の願い——大乗仏教のめざすもの』日本放送出版協会。

隠岐さや香（2018）『文系と理系はなぜ分かれたのか』星海社。

沖本克己（2017）『禅——沈黙と饒舌の仏教史』講談社。

織田顕祐（2004）「中国仏教における縁起思想の理解——『縁起』と『縁集』をめぐって」大谷大学佛教学会編『佛教学セミナー』79，19-33頁。

貝塚茂樹（2010）「『宗教を考える教育』における『宗教的情操』」宗教教育研究会編『宗教を考える教育』教文館，37-61頁。

鏡島元隆（1997）『道元禅師』春秋社。

笠井貞（1998）「龍樹とアウグスティヌスの真理論——比較哲学的研究」『印度學佛教學研究』47(1)，61-66頁。

加地伸行（1994）『沈黙の宗教——儒教』筑摩書房。

加地伸行（2015）『儒教とは何か 増補版』中央公論新社。

加地伸行（2018）『大人のための儒教塾』中央公論新社。

梶原直美（2018）「旧約聖書の知恵文学における「知恵」理解にみられるスピリチュアリティ」『川崎医療福祉学会誌』27(2)，293-301頁。

梶山雄一（2022）『増補 菩薩ということ』法藏館。

加藤和哉（2007）「トマス・アクィナスの至福論とアリストテレス」『聖心女子大学論

　叢』109，3-32頁。

加藤隆（2006）『『新約聖書』の「たとえ」を解く』筑摩書房。

加藤尚武（2012）「『精神現象学』の基本概念——『序文』と『緒論』」加藤尚武編『ヘ
　ーゲル『精神現象学』入門』講談社，47-69頁。

加藤守通（1990）「『弁論家論』におけるキケロの理想の弁論家像」東北大学教育学部編
　『研究年報』38，13-29頁。

加藤泰史（2012）「道徳」大澤真幸・吉見俊哉・鷲田清一編『現代社会学事典』弘文堂，
　938頁。

門林岳史（2019）「訳者あとがき」ブライドッティ，R.／門林岳史監訳，大貫菜穂・篠
　木涼・唄邦弘ほか訳『ポストヒューマン——新しい人文学に向けて』フィルムアー
　ト社，305-313頁。

金森修（2013）「専門知と教養知の境域」教育思想史学会編『近代教育フォーラム』22，
　135-149頁。

金子晴勇（1989）『愛の秩序』創文社。

金山秋男（2022）「禅の深層——廓庵『十牛図』を中心に」『明治大学教養論集』568，
　1-26頁。

上村勝彦（1998）「幸福　2．インド古典と仏教における幸福」廣松渉・子安宣邦・三島
　憲一ほか編『岩波哲学・思想事典』岩波書店，501-502頁。

柄谷行人（1989）『探究Ⅱ』講談社。

苅谷剛彦（2012）「教育」大澤真幸・吉見俊哉・鷲田清一編『現代社会学事典』弘文堂，
　265-268頁。

川井陽一（2012）「ヒューマニズム教育とその今日的意義——言語並びに古典重視によ
　る人間形成の可能性」『北里大学一般教育紀要』17(0)，151-166頁。

川村邦光（2012）「Ⅲ．日本宗教」山折哲雄監修，川村邦光・市川裕・大塚和夫ほか編
　『宗教の事典』朝倉書店，485-546頁。

菅豊彦（2016）『アリストテレス『ニコマコス倫理学』を読む——幸福とは何か』勁草
　書房。

神田英輔（2003）「飢餓と飽食——支え合う21世紀の国際社会を構築するために」『社会
　福祉研究』88，96-100頁。

木村清孝（2015）『華厳経入門』KADOKAWA（角川学芸出版）。

木村正則（2017）「私立大学における『建学の精神』の役割」『近畿大学教養・外国語教
　育センター紀要．外国語編』8(1)，71-82頁。

桐田清秀（2010）「戦後日本教育政策の変遷——教育課程審議会答申とその背景」『花園
　大学社会福祉学部研究紀要』18，121-140頁。

日下部吉信（2012）『初期ギリシア哲学講義・8講』晃洋書房。

口羽益生（2009）「宗教情操教育はなぜ必要か——特に真宗門徒の宗教倫理に関する調査研究を踏まえて」『龍谷大学佛教文化研究所紀要』48，73-82頁。

黒川勲（2007）「スピノザにおける『第三種の認識』——神および人間精神の自己認識」大分大学大学院福祉社会科学研究科編『紀要』8，17-28頁。

黒川洋行（2007）「ヤスパースとオルテガの大学論——大学の理念，教養概念，授業のあり方についての比較検討」『関東学院大学経済経営研究所年報』29，60-78頁。

源信／川崎庸之・秋山虔・土田直鎮訳（2018）『往生要集 全現代語訳』筑摩書房。

玄侑宗久（2005）『死んだらどうなるの？』筑摩書房。

玄侑宗久（2006）『現代語訳 般若心経』筑摩書房。

小出達夫（2016）「公共性と教育(5)——教育基本法と南原繁(2)」北海道大学大学院教育学研究院教育行政学研究室編『公教育システム研究』15，35-64頁。

郷原佳以（2005）「第三部・訳者解題 証言——記憶しえないものを忘れないこと」ブランショ，M.／安原伸一郎・西山雄二・郷原佳以訳『ブランショ政治論集 1958-1993』月曜社，332-377頁。

上妻精（1998）「『精神現象学』」廣松渉・子安宣邦・三島憲一ほか編『岩波哲学・思想事典』岩波書店，904-906頁。

小坂国継（2017）『鏡のなかのギリシア哲学』ミネルヴァ書房。

小澤浩（2004）『民衆宗教と国家神道』（日本史リブレット㉑）山川出版社。

小寺正一（2016）「道徳と教育」小寺正一・藤永芳純編『四訂 道徳教育を学ぶ人のために』世界思想社，1-27頁。

古東哲明（2005-a）『現代思想としてのギリシア哲学』筑摩書房。

古東哲明（2005-b）『他界からのまなざし——臨生の思想』講談社。

金光教本部教庁編（1989）『天地は語る——金光教教典抄』金光教徒社。

金光教本部教庁編（1993）『神と人 共に生きる——金光教 教義の概要』金光教本部教庁。

金光教本部教庁編（2001）『金光教教典 用語辞典』金光教本部教庁。

金光教本部教庁編（2003）『金光大神』金光教本部教庁。

金光教本部教庁編（2004）『金光教教典』金光教本部教庁。

三枝充悳（1987）「涅槃」『日本大百科全書（ニッポニカ）18』小学館，282頁。

三枝充悳（1990）『仏教入門』岩波書店。

斎藤幸平（2021）『100分 de 名著 カール・マルクス 資本論——甦る，実践の書』NHK出版。

斎藤慶典（2014）『生命と自由——現象学，生命科学，そして形而上学』東京大学出版会。

坂口ふみ（2009）『天使とボナヴェントゥラ——ヨーロッパ13世紀の思想劇』岩波書店。

坂部恵（1998）「知性」廣松渉・子安宣邦・三島憲一ほか編『岩波哲学・思想事典』岩波書店，1065-1066頁。

佐藤俊夫（1969）「道徳の内容とその構造」勝部真長編『中学校学習指導要領の展開　道徳編』明治図書，104-110頁。

塩崎伊知朗（2007）「仏教の縁起思想と吉本内観法——華厳思想を中心に」日本内観学会編『内観研究』13(1)，71-77頁。

志賀直哉（1999）「ナイルの水の一滴」『志賀直哉全集　第10巻』岩波書店。

篠崎榮（2003）「プラトンにとって正義とは何であったか」熊本大学編『文学部論叢』76，1-17頁。

島薗進（2014）「『進化』と超越界の自立性——ロバート・ベラーの宗教論の到達地点」ベラー，R. N.・島薗進・奥村隆編（2014）『宗教とグローバル市民社会——ロバート・ベラーとの対話』岩波書店，214-226頁。

島薗進（2020-a）「南原繁・無教会・国家神道——敗戦直後の論説から」南原繁研究会編『今，南原繁を読む——国家と宗教とをめぐって』横濱大氣堂，28-81頁。

島薗進（2020-b）『新宗教を問う——近代日本人と救いの信仰』筑摩書房。

清水真木（2010）『これが「教養」だ』新潮社。

『十牛図 禅の悟りにいたる十のプロセス』編集部（1982）「はじめに」山田無文『十牛図』禅文化研究所。

白井成道（1983）「久松真一先生の宗教哲学」藤吉慈海編『久松真一の宗教と思想』禅文化研究所，19-75頁。

進藤咲子（1973）「『教養』の語史」筑摩書房編『言語生活』265，66-74頁。

末木文美士（1998）「『正法眼蔵』」廣松渉・子安宣邦・三島憲一ほか編『岩波哲学・思想事典』岩波書店，782-783頁。

末木文美士（2006）『仏教 vs. 倫理』筑摩書房。

鈴木大拙（1999）『日本的霊性　日本の霊性化』（鈴木大拙全集〔増補新版〕第8巻）岩波書店。

鈴木大拙／杉平顗智訳（2020）『華厳の研究』KADOKAWA。

須藤孝也（2021）『人間になるということ——キルケゴールから現代へ』以文社。

関根清三（2011）『ギリシア・ヘブライの倫理思想』東京大学出版会。

千玄室（2003）『茶の精神』講談社。

大学教育学会25年史編纂委員会編（2004）『あたらしい教養教育をめざして——大学教育学会25年の歩み　未来への提言』東信堂。

高石憲明（2019）「秩序付ける知恵——トマス・アクィナスの知恵概念研究」筑波大学博士（文学）学位請求論文。

高崎直道（2010）『インド思想論』（高崎直道著作集第一巻）春秋社。

高橋和夫（2003）「鈴木大拙の「霊性」の概念について」『人体科学』12(1)，17-23頁。

高柳俊一（1990）『知恵文学を読む──旧約聖書2』筑摩書房。

滝沢克己（1964）『佛教とキリスト教』法藏館。

竹内整一（2017）「近代日本人の死生観──『魂』の受けとめ方」大城道則編著『死者はどこへいくのか──死をめぐる人類5000年の歴史』河出書房新社，218-242頁。

竹内綱史（2004）「大学というパラドクス──《教養施設》に関する若きニーチェの思索をめぐって」京都大学文学研究科宗教学専修編『宗教学研究室紀要』1，13-35頁。

竹内洋（2012）「教養」大澤真幸・吉見俊哉・鷲田清一編『現代社会学事典』弘文堂，289頁。

武田さち子（2004）『あなたは子どもの心と命を守れますか！──いじめ白書「自殺・殺人・傷害121人の心の叫び！」』WAVE出版。

竹村牧男（2014）『禅の思想を知る事典』東京堂出版。

立川武蔵（2003）『空の思想史』講談社。

田中利光（2014）『ユダヤ慈善研究』教文館。

玉城康四郎（1993）『生命とは何か──ブッダをとおしての人間の原像』法藏館。

玉城康四郎（1995）『ダンマの顕現──仏道に学ぶ』大蔵出版。

玉城康四郎（1997）『仏教を貫くもの』大蔵出版。

玉城康四郎（2021）『悟りと解脱──宗教と科学の真理について』法藏館。

田丸徳善（1985）「救済（宗教）」『日本大百科全書（ニッポニカ）6』小学館，723頁。

筒井清忠（2000）『新しい教養を求めて』中央公論新社。

土岐健治（2008）「神の前における謙遜の営みについて：Doch bewegt sich die Erde ─それでも地球は回っている──土岐健治インタビュー」一橋大学大学院言語社会研究科編『言語社会』2，102-118頁。

徳田幸雄（2010）「イスラームにおけるタウバとキリスト教におけるコンバージョン，そして仏教における廻心──各聖典を中心とする比較考察」『東北宗教学』6，1-23頁。

内藤貴（2006）「初期ニーチェにおける陶冶論と教育論──Bildung 理解を中心として」三田哲學會編『哲學』115，1-23頁。

永井均（1991）『〈魂〉に対する態度』勁草書房。

永井均（1995）『翔太と猫のインサイトの夏休み──哲学的諸問題へのいざない』ナカニシヤ出版。

永井均（1998）『これがニーチェだ』講談社。

中川純男（1997）「生きることの意味──アウグスティヌスの幸福論」『国士舘哲学』1，3-15頁。

中川米造（1998）「生命」廣松渉・子安宣邦・三島憲一ほか編『岩波哲学・思想事典』

岩波書店，927-928頁。

中沢弘基（2014）『生命誕生——地球史から読み解く新しい生命像』講談社。

永嶋哲也（2000）「自己と向き合うとはどういうことか」稲垣良典編『教養の源泉をたずねて——古典との対話』創文社，81-99頁。

中島義道（2007）『双書 哲学塾「死」を哲学する』岩波書店。

中谷彪（2007）「新・教育基本法の問題点と批判——教育における『戦後レジームからの脱却』の本質」『武庫川女子大学紀要（人文・社会科学編）』55，9-20頁。

中畑正志（2021）『はじめてのプラトン——批判と変革の哲学』講談社。

中村高康（2012）「メリトクラシー」大澤真幸・吉見俊哉・鷲田清一編『現代社会学事典』弘文堂，1252-1253頁。

中村高康（2018）『暴走する能力主義』筑摩書房。

中村剛（2014）『福祉哲学の継承と再生——社会福祉の経験をいま問い直す』ミネルヴァ書房。

中村元（2004）『古代インド』講談社。

中村元（2009）「三宝——全仏教の基本」中村元・三枝充悳『バウッダ［佛教］』講談社，19-37頁。

中村元（2010）『慈悲』講談社。

中村元（2012）『宗教における思索と実践 サンガ文庫 新版』サンガ。

中村元・福永光司・田村芳朗ほか（1989）「禅定」中村元・福永光司・田村芳朗ほか編『岩波仏教辞典』岩波書店，501頁。

南原繁（1973-a）『南原繁著作集 第7巻』岩波書店。

南原繁（1973-b）『南原繁著作集 第8巻』岩波書店。

南原繁（1973-c）『南原繁著作集 第10巻』岩波書店。

西垣通（2019）「〈理論編〉情報倫理から AI 倫理へ」西垣通・河島茂生『AI 倫理——人工知能は「責任」をとれるのか』中央公論新社，17-168頁。

西田幾多郎（1980）『思索と体験』岩波書店。

西谷啓治・八木誠一（1989）『直接経験——西洋精神史と宗教』春秋社。

西村恵信訳注（1994）『無門関』岩波書店。

日本私立学校振興・共済事業団（2014）「大学ポートレート（私学版）」（https://www.shigaku.go.jp/p_dic_c001.htm，2024年2月17日閲覧）。

納富信留（2011）「パルメニデス」神崎繁・熊野純彦・鈴木泉編『西洋哲学史Ⅰ——「ある」の衝撃からはじまる』講談社，35-90頁。

納富信留（2012）『プラトン——理想国の現在』慶應義塾大学出版会。

納富信留（2015）『プラトンとの哲学——対話篇をよむ』岩波書店。

納富信留（2020）「哲学の世界化と制度・伝統」伊藤邦武・山内志朗・中島隆博ほか編

『世界哲学史2——古代II 世界哲学の成立と展開』筑摩書房，13-36頁。

野家啓一（1998）「真理」廣松渉・子安宣邦・三島憲一ほか編『岩波哲学・思想事典』岩波書店，848-849頁。

野田宣雄（1997）『ドイツ教養市民層の歴史』講談社。

朴一功（2010）『魂の正義——プラトン倫理学の視座』京都大学学術出版会。

朴京俊（2003）「初期仏教縁起説の根本的な意味」日本印度学仏教学会編『印度學佛教學研究』52(1)，163-167頁。

橋爪大三郎（2020）『死の講義』ダイヤモンド社。

長谷部恭男（2012）「正義」大澤真幸・吉見俊哉・鷲田清一編『現代社会学事典』弘文堂，737-738頁。

濱田陽（2012）「V．カリスマ・聖人列伝 5．日本宗教」山折哲雄監修『宗教の事典』朝倉書店，663-680頁。

林久博（2002）「ドイツ教養小説について」『名古屋大学人文科学研究』31，67-78頁。

林有加著／画＝長田智佐子（1999）『彼岸花』日本短波放送。

針貝邦生（2000）『ヴェーダからウパニシャッドへ』清水書院。

半田智久（2010）「セブンリベラルアーツとはどこから来た何ものか」『お茶の水女子大学人文科学研究』6，149-160頁。

久松真一（2022）『無神論』法藏館。

久松真一・八木誠一・阿部正雄（1980）『覚の宗教』春秋社。

平岡聡（2018）『浄土思想入門——古代インドから現代日本まで』KADOKAWA。

廣川洋一（1989）「アナクサゴラスの〈知性〉——目的論とのかかわりにおいて」筑波大学哲学・思想学会編『哲学・思想論叢』7，1-16頁。

廣川洋一（1990）『ギリシア人の教育——教養とはなにか』岩波書店。

廣川洋一（1999）『プラトンの学園 アカデメイア』講談社。

廣野喜幸（2016）「古代ギリシャにおける二つの生命概念——ゾーエーおよびビオスの分析」『ギリシャ哲学セミナー論集』13，14-32頁。

藤沢令夫（1985）「実践と観想——その主題化の歴史と，問題の基本的筋目」大森荘蔵・滝浦静雄・中村雄二郎ほか編『行為・他我・自由』（新・岩波講座 哲学⑩）岩波書店，1-44頁。

藤田正勝（2013）『哲学のヒント』岩波書店。

細田典明（1998）「輪廻」廣松渉・子安宣邦・三島憲一ほか編『岩波哲学・思想事典』岩波書店，1696-1697頁。

堀尾輝久（1989）『教育入門』岩波書店。

堀尾輝久（1997）『現代社会と教育』岩波書店。

堀尾輝久（2006）「南原繁と戦後教育60年」南原繁研究会編『初心を忘れたか——南原

　　繁と戦後60年』to be 出版，14-34頁。

本田哲郎（2010）『聖書を発見する』岩波書店。

本田由紀（2020）『教育は何を評価してきたのか』岩波書店。

本田由紀（2021）「解説」サンデル，M.／鬼澤忍訳『実力も運のうち——能力主義は正
　　義か』早川書房，327-332頁。

前田惠学（2003）『仏教とは何か，仏教学いかにあるべきか』（前田惠學集２）山喜房佛
　　書林。

前田専学（2000）『インド哲学へのいざない——ヴェーダとウパニシャッド』NHK 出
　　版。

松浦良充（2013）「脱・機能主義の大学像を求めて（報告論文，シンポジウム「大学の
　　危機」を思想史が問う）」教育思想史学会編『近代教育フォーラム』22，151-167頁。

松浦良充（2015）「『教養教育』とは何か」日本哲学会編『哲学』66，83-100頁。

松崎一平（2009）『アウグスティヌス『告白』——"わたし"を語ること…（書物誕生
　　——あたらしい古典入門）』岩波書店。

松下佳代（2010）「〈新しい能力〉概念と教育——その背景と系譜」松下佳代編著『〈新
　　しい能力〉は教育を変えるか——学力・リテラシー・コンピテンシー』ミネルヴァ
　　書房，１-42頁。

松本長彦（2015）「カントの大学論の一考察——学問の自由を実現する組織としての哲
　　学部」『愛媛大学法文学部論集．人文学科編』39，１-20頁。

松本礼二（2005）「平等主義」『世界大百科事典24』平凡社，140-141頁。

的射場敬一（2003）「平等概念についての歴史的考察」『國士舘大學政經論叢』15(3)，
　　１-27頁。

三浦要（2008）「Ⅱ エレア派と多元論者たち」内山勝利編『哲学誕生——古代１ 始ま
　　りとしてのギリシア』（哲学の歴史①）中央公論新社，135-238頁。

三浦要（2011）『パルメニデスにおける真理の探究』京都大学学術出版会。

三上真司（2015）『レリギオ——〈宗教〉の起源と変容』横浜市立大学学術研究会。

水野俊誠（2014）『Ｊ・Ｓ・ミルの幸福論——快楽主義の可能性』梓出版社。

水落健治（2008）「自由学芸の伝統」中川純男編『神との対話』（哲学の歴史③）中央公
　　論新社，76-80頁。

宮谷宣史（2004）『アウグスティヌス』講談社。

宮澤賢治（2017）『農民芸術概論綱要』青空文庫 POD。

宮本久雄（2012）『他者の風来——ルーアッハ・プネウマ・気をめぐる思索』日本キリ
　　スト教団出版局。

三輪貴美枝（1994）「Bildung 概念の成立と展開について」日本教育学会編『教育学研
　　究』61(4)，11-20頁。

武藤剛史（2012）「訳者あとがき」アンリ，ミシェル／武藤剛史訳『キリストの言葉
　　──いのちの現象学』白水社，199-248頁。

村井洋（2018）「南原繁の教育思想──危機と教育」島根県立大学総合政策学会編『総
　　合政策論叢』36，87-99頁。

村上重良（1971）「解説　金光大神と金光教」村上重良／安丸良夫校注『民衆宗教の思
　　想』岩波書店，616-633頁。

村上勉（2019）「原始仏教に見られる在家者の解脱・涅槃」『佛教大学仏教学会紀要』24，
　　95-117頁。

村上靖彦（2023）『客観性の落とし穴』筑摩書房。

村上陽一郎（2022）『エリートと教養──ポストコロナの日本考』中央公論新社。

村田昇（2011）『道徳教育の本質と実践原理』玉川大学出版部。

森一郎（2014）「公立学校における『宗教的情操教育』の可能性と課題」『教育学論究』
　　6，221-231頁。

森邦昭（2012）「フンボルト理念をどう受け継ぐか」『福岡女子大学文学部・国際文理学
　　部紀要「文藝と思想」』76，103-123頁。

森岡正博（2020）『生まれてこないほうが良かったのか？──生命の哲学へ！』筑摩書
　　房。

森本達雄（2003）『ヒンドゥー教──インドの聖と俗』中央公論新社。

八木誠一（1970）『キリスト教は信じうるか──本質の探究』講談社。

八木誠一（2016）『回心──イエスが見つけた泉へ』ぷねうま舎。

八木誠一（2018）『創造的空への道──統合・信・瞑想』ぷねうま舎。

八木誠一（2022）『宗教の行方──現代のための宗教十二講』法藏館。

八木誠一・秋月龍珉（1996）『徹底討議　無心と神の国──宗教における「自然」』青土
　　社。

柳田国男（2013）『先祖の話』KADOKAWA。

山川宗玄（2022）『宗教のきほん──禅の知恵に学ぶ』NHK出版。

山川偉也（2023）『パルメニデス──錯乱の女神の頭上を越えて』講談社。

山口匡（2008）「発達論と近代教育思想──教育学的パラドックスの問題構制」『愛知教
　　育大学教育実践センター紀要』11，247-254頁。

山田恵諦（1992）『上品の人間』大和出版。

山田恵諦（1996）『山田恵諦の人生法話（下）──生かして生かされる　第253世天台座
　　主　自選著作集』法藏館。

山田耕太（2008）「ギリシア・ローマ時代のパイデイアと修辞学の教育」『敬和学園大学
　　研究紀要』17，217-231頁。

山田無文（1982）『十牛図──禅の悟りにいたる十のプロセス』禅文化研究所。

やまだようこ（2007）『喪失の語り——生成のライフストーリー』（やまだようこ著作集
　　⑧）新曜社。

山本巍（1998-a）「ロゴス」廣松渉・子安宣邦・三島憲一ほか編『岩波哲学・思想事典』
　　岩波書店，1739頁。

山本巍（1998-b）「パルメニデス」廣松渉・子安宣邦・三島憲一ほか編『岩波哲学・思
　　想事典』岩波書店，1290-1291頁。

山本芳久（2014）『トマス・アクィナス——肯定の哲学』慶應義塾大学出版会。

山本芳久（2017）『トマス・アクィナス——理性と神秘』岩波書店。

山本芳久（2022）『宗教のきほん「愛」の思想史』NHK 出版。

湯川安太郎（1990）湯川泰雄編『湯川安太郎 信話 第 1 集』あゆみ社。

弓山達也（2007）「『いのち』に一歩踏み込んだ全小・中学生に配布された『心のノー
　　ト』」『宗教と現代がわかる本 2007』226-231頁。

弓山達也（2009）「いのちの教育と宗教教育」カール・ベッカー，弓山達也編『いのち
　　教育 スピリチュアリティ』大正大学出版会，240-241頁。

横田南嶺（2023）『臨済録に学ぶ』致知出版社。

横山紘一（2011）『阿頼耶識の発見——よくわかる唯識入門』幻冬舎。

吉田麻子（2016）『平田篤胤——交響する死者・生者・神々』平凡社。

吉田宏哲（2010）「基調講演 仏教の幸福観」『比較思想研究』37，1 - 7 頁。

吉田真樹（2017）『再発見 日本の哲学 平田篤胤——霊魂のゆくえ』講談社。

吉満義彦（1984）『吉満義彦全集 第 1 巻』講談社。

吉満義彦・若松英輔編（2022）『文学者と哲学者と聖者——吉満義彦コレクション』文
　　藝春秋。

若松英輔（2012）『魂にふれる——大震災と，生きている死者』トランスビュー。

若松英輔（2014）『吉満義彦——詩と天使の形而上学』岩波書店。

若松英輔・山本芳久（2018）『キリスト教講義』文藝春秋。

渡辺邦夫（2015）「解説」アリストテレス『ニコマコス倫理学（上）』光文社，422-513
　　頁。

渡辺邦夫・立花幸司（2015）「p35 注 2」アリストテレス『ニコマコス倫理学（上）』
　　光文社。

渡辺順一（2012）『神様の涙——生神金光大神の誕生』金光教徒社。

渡邊二郎（1998）「哲学 1．西洋」廣松渉・子安宣邦・三島憲一ほか編『岩波哲学・思
　　想事典』岩波書店，1119-1120頁。

渡邉蘭子（2016）「アウグスティヌス『神の国』における救済論」『キリスト教学研究室
　　紀要』4，99-118頁。

アウグスティヌス／服部英次郎訳（1983）『神の国（三）』岩波書店。

アリストテレス／渡辺邦夫・立花幸司訳（2015）『ニコマコス倫理学（上）』光文社。

アーレント，H.／志水速雄訳（1994）『人間の条件』筑摩書房。

イングルハート，R. F.／山崎聖子訳（2021）『宗教の凋落？——100か国・40年間の世界価値観調査から』勁草書房。

エルラー，M.／三嶋輝夫・田中伸司・高橋雅人ほか訳（2015）『知の教科書 プラトン』講談社。

オニール，C.／久保尚子訳（2018）『あなたを支配し，社会を破壊する AI・ビッグデータの罠』インターシフト。

オルテガ，y G. J.／神吉敬三訳（1995）『大衆の反逆』筑摩書房。

オルテガ，y G. J.／井上正訳（1996）『大学の使命』玉川大学出版部。

ガブリエル，M.／清水一浩訳（2018）『なぜ世界は存在しないのか』講談社。

サン＝テグジュペリ，A. D.／内藤濯訳（2000）『星の王子さま』岩波書店。

サンデル，M. J.／林芳紀・伊吹友秀訳（2010）『完全な人間を目指さなくてもよい理由——遺伝子操作とエンハンスメントの倫理』ナカニシヤ出版。

サンデル，M.／鬼澤忍訳（2021）『実力も運のうち——能力主義は正義か』早川書房。

シャイデル，W.／鬼澤忍・塩原通緒訳（2019）『暴力と不平等の人類史——戦争・革命・崩壊・疫病』東洋経済新報社。

シャルル，C.・ヴェルジュ，J.／岡山茂・谷口清彦訳（2009）『大学の歴史』白水社。

ジャンケレヴィッチ，V.／仲澤紀雄訳（1978）『死』みすず書房。

シュヴァイツァー，A.／氷上英廣訳（1957）『シュヴァイツァー著作集〈第7巻〉文化と倫理』白水社。

スナイダー，T.／布施由紀子訳（2022）『ブラッドランド——ヒトラーとスターリン 大虐殺の真実 下』筑摩書房。

スネイス，N. H.／浅野順一・林香・新屋徳治訳（1964）『旧約宗教の特質』日本基督教団出版部。

チョムスキー，N.／吉成真由美訳（2020）「ノーム・チョムスキー——新自由主義はファシズムを招く」『嘘と孤独とテクノロジー——知の巨人に聞く』集英社インターナショナル，253-296頁。

デ ブラバンデレ，M.／伊藤隆夫訳（1974）「アウグスティヌスにおける幸福へのあこがれのキリスト教的解釈」上智大学神学会編『カトリック研究』26，103-126頁。

デリダ，J.／湯浅博雄・大西雅一郎訳（2016）『信仰と知』未來社。

ナース，P. M.／竹内薫訳（2021）『WHAT IS LIFE？（ホワット・イズ・ライフ？）——生命とは何か』ダイヤモンド社。

ヌスバウム，M. C.／小沢自然・小野正嗣訳（2013）『経済成長がすべてか？——デモクラシーが人文学を必要とする理由』岩波書店。

ノーラン，A.／篠崎榮訳（1994）『キリスト教以前のイエス』新世社。

バスカーリア，L.／みらいなな訳（1998）『葉っぱのフレディ──いのちの旅』童話屋。

ハーバーマス，J.／箱田徹・金城美幸訳（2014）「〈付論〉ハーバーマスへのインタビュー」『公共圏に挑戦する宗教──ポスト世俗化時代における共棲のために』岩波書店，161-186頁。

ハラリ，Y. N.／柴田裕之訳（2016-a）『サピエンス全史（上）──文明の構造と人類の幸福』河出書房新社。

ハラリ，Y. N.／柴田裕之訳（2016-b）『サピエンス全史（下）──文明の構造と人類の幸福』河出書房新社。

ハラリ，Y. N.／柴田裕之訳（2018-a）『ホモ・デウス──テクノロジーとサピエンスの未来 上』河出書房新社。

ハラリ，Y. N.／柴田裕之訳（2018-b）『ホモ・デウス──テクノロジーとサピエンスの未来 下』河出書房新社。

ハラリ，Y. N.／中沢志乃訳（2019）「文明論的に見た資本主義の未来」丸山俊一＋NHK「欲望の資本主義」制作班編『欲望の資本主義3──偽りの個人主義を越えて』東洋経済新報社，135-159頁。

パリサー，E.／井口耕二訳（2012）『閉じこもるインターネット──グーグル・パーソナライズ・民主主義』早川書房。

ブッダ／中村元訳（1984）『ブッダのことば──スッタニパータ』岩波書店。

ブライドッティ，R.／門林岳史監訳，大貫菜穂・篠木涼・唄邦弘ほか訳（2019）『ポストヒューマン──新しい人文学に向けて』フィルムアート社。

プラトン／田中美知太郎訳（1966）『テアイテトス』岩波書店。

プラトン／長浜公一訳（1975）「第七書簡」『プラトン全集14』岩波書店，106-171頁。

プラトン／岩田靖夫（1998）『パイドン──魂の不死について』岩波書店。

プラトン／藤沢令夫訳（2002）『国家（下）』岩波書店。

プラトン／納富信留訳（2012）『ソクラテスの弁明』光文社。

プラトン／中澤務訳（2013）『饗宴』光文社。

ブランショ，M.／安原伸一郎・西山雄二・郷原佳以訳（2005）『ブランショ政治論集1958-1993』月曜社。

ヘーゲル，G. W. F.／長谷川宏訳（1994）『歴史哲学講義（上）』岩波書店。

ヘッシェル，A. J.／森泉弘次訳（1998）『人間を探し求める神──ユダヤ教の哲学』教文館。

ベンヤミン，W.／浅井健二郎訳（1999）『ドイツ悲劇の根源 上』筑摩書房。

ホッブス，T.／角田安正（2014）『リヴァイアサン1』講談社。

ボーマン，T.／植田重雄訳（2003）『ヘブライ人とギリシヤ人の思惟（オンデマンド

版）』新教出版社。

ボルノー，O. F.／森田孝・大塚恵一訳編（1978）『問いへの教育――哲学的人間学への道』川島書店。

マッキンタイア，L.／大橋完太郎監訳，居村匠・大﨑智史・西橋卓也訳（2020）『ポスト トゥルース』人文書院。

マリタン，J.／荒木慎一郎訳（2023）『全きヒューマニズム――新しいキリスト教社会の現世的・霊的諸問題』知泉書館。

マルー，H. I.／横尾壮英・飯尾都人・岩村清太訳（1985）『古代教育文化史』岩波書店。

ミッチェル，M.／尼丁千津子訳（2021）『教養としての AI 講義』日経 BP。

ミル，J. S.／斉藤悦則訳（2012）『自由論』光文社。

ヤスパース，K.／森昭訳（1955）『大学の理念（ヤスパース選集 2 ）』理想社。

ヤスパース，K.／重田英世訳（1964）『ヤスパース選集 9 歴史の起源と目標』理想社。

リースマン，K. P.／斎藤成夫・齋藤直樹訳（2017）『反教養の理論』法政大学出版局。

リンデン，D.／岩坂彰訳（2021）『あなたがあなたであることの科学――人の個性とはなんだろうか』河出書房新社。

レヴィナス，E.／内田樹訳（2008）『困難な自由――ユダヤ教についての試論』国文社。

レヴィナス，E.／西山雄二訳（2010）『倫理と無限――フィリップ・ネモとの対話』筑摩書房。

レン，C.／野上志学訳（2019）『現代哲学のキーコンセプト 真理』岩波書店。

人名索引

事項索引

著者紹介

中村　剛（なかむら・たけし）
　1963年生まれ。
　2013年　大阪大学大学院文学研究科文化形態論（臨床哲学）専攻博士後期課程修了。博士（学術）。
　現　在　関西福祉大学社会福祉学部教授。
　主　著　『福祉哲学の構想──福祉の思考空間を切り拓く』みらい，2009年。
　　　　　『福祉哲学の継承と再生──社会福祉の経験をいま問い直す』ミネルヴァ書房，2014年。
　　　　　『福祉哲学に基づく社会福祉学の構想──社会福祉原論』みらい，2015年。
　　　　　『福祉原理の源流を探る──歴史の中で育まれた「人間性」の探究』ミネルヴァ書房，
　　　　　2023年。

大学における教養の新次元
──建学の精神が切り拓く「知」の地平──

2024年3月30日　初版第1刷発行　　　　　　　　　　（検印省略）

定価はカバーに
表示しています

著　　者　　中　村　　　剛
発行者　　杉　田　啓　三
印刷者　　江　戸　孝　典

発行所　　株式会社　ミネルヴァ書房
607-8494　京都市山科区日ノ岡堤谷町1
電話代表（075）581-5191
振替口座　01020-0-8076

© 中村剛，2024　　　　　　　共同印刷工業・吉田三誠堂製本

ISBN978-4-623-09705-0

Printed in Japan

中高生のための哲学入門

小川仁志著

四六判／204頁／本体1600円

自己意識の哲学

嶺岸佑亮著

四六判／274頁／本体2700円

思考を哲学する

森川亮著

四六判／332頁／本体2800円

福祉原理の源流を探る

中村剛著

A5判／500頁／本体8000円

福祉の哲学とは何か

広井良典編著

四六判／332頁／本体3000円

福祉政策とソーシャルワークをつなぐ

椋野美智子編著

四六判／264頁／本体2800円

──────── ミネルヴァ書房 ────────

https://www.minervashobo.co.jp/